ESPERANÇA APÓS A PERDA

ENCONTRANDO FORÇA E AMOR NA SOMBRA DA AUSÊNCIA

Editora Appris Ltda.
1.ª Edição - Copyright© 2025 dos autores
Direitos de Edição Reservados à Editora Appris Ltda.

Nenhuma parte desta obra poderá ser utilizada indevidamente, sem estar de acordo com a Lei nº 9.610/98. Se incorreções forem encontradas, serão de exclusiva responsabilidade de seus organizadores. Foi realizado o Depósito Legal na Fundação Biblioteca Nacional, de acordo com as Leis nos 10.994, de 14/12/2004, e 12.192, de 14/01/2010.

Catalogação na Fonte
Elaborado por: Josefina A. S. Guedes
Bibliotecária CRB 9/870

S237e
2025
	Santos, Rita Tavares
	    Esperança após a perda: encontrando força e amor na sombra da ausência / Rita Tavares Santos. – 1. ed. – Curitiba: Appris: Artera, 2025.
	    127 p. ; 21 cm.
	
	    ISBN 978-65-250-7536-5
	
	    1. Dor. 2. Depressão mental. 3. Amor. 4. Fé. 5. Esperança. 6. Resiliência. 7. Deus. 8. Jesus Cristo. I. Título.
	
	    CDD – B869.8

Livro de acordo com a normalização técnica da ABNT

Appris
editora

Editora e Livraria Appris Ltda.
Av. Manoel Ribas, 2265 – Mercês
Curitiba/PR – CEP: 80810-002
Tel. (41) 3156 - 4731
www.editoraappris.com.br

Printed in Brazil
Impresso no Brasil

RITA TAVARES SANTOS

ESPERANÇA APÓS A PERDA

ENCONTRANDO FORÇA E AMOR
NA SOMBRA DA AUSÊNCIA

CURITIBA, PR
2025

FICHA TÉCNICA

EDITORIAL	Augusto V. de A. Coelho
	Sara C. de Andrade Coelho
COMITÊ EDITORIAL	Marli Caetano
	Andréa Barbosa Gouveia (UFPR)
	Edmeire C. Pereira (UFPR)
	Iraneide da Silva (UFC)
	Jacques de Lima Ferreira (UP)
SUPERVISORA EDITORIAL	Renata C. Lopes
PRODUÇÃO EDITORIAL	Adrielli de Almeida
REVISÃO	Bruna Fernanda Martins
DIAGRAMAÇÃO	Bruno Ferreira Nascimento
CAPA	Daniela
REVISÃO DE PROVA	Juliana Turra
FOTOGRAFIA DE CAPA	Angela Bisam Lunsford

AGRADECIMENTOS

Agradeço primeiramente a Deus, por me sustentar em minha maior dor e por me guiar em cada passo dessa jornada.

À minha família, que é meu alicerce: meu marido, Joe, meus filhos Júlia e Mateus, minha nora Simone e minha neta Vera, que iluminam meus dias e me dão forças para continuar.

Aos meus amigos, que mesmo à distância nunca deixaram de oferecer amor e apoio.

Aos profissionais da editora Appris, que cuidaram com tanta dedicação de cada detalhe deste livro.

E a você, leitor, por embarcar comigo nesta história de amor, dor e esperança.

*Este livro é dedicado ao meu amado filho Lucas,
cuja memória vive em cada palavra,
e à minha neta Vera, que carrega o brilho do pai em cada sorriso,
sendo um lembrete diário de que o amor é eterno.*

O Senhor está perto dos que têm o coração quebrantado e salva os de espírito abatido.
(Salmo 34:18)

APRESENTAÇÃO

Esperança após a perda: encontrando força e amor na sombra da ausência é um relato íntimo e sincero sobre a dor de perder um filho e o processo de ressignificação que se seguiu. Ao longo destas páginas, compartilho a caminhada de uma mãe em luto, movida pela fé, pelo amor de sua família e pela esperança em Deus. Este livro não é apenas uma história de dor, mas uma celebração da vida, do amor que permanece e da força que encontramos em Cristo para seguir adiante. Espero que estas palavras sirvam como consolo e inspiração para aqueles que enfrentam suas próprias tragédias.

PREFÁCIO

Acredito que foi na manhã de 26 de março de 2023 que eu e minha família soubemos, pelo Zeca, do trágico acontecimento que se abatera, na véspera, sobre a família dos nossos queridos amigos. Lembro que, por puro instinto, de forma intempestiva, fiz uma chamada de vídeo com Rita. Só conseguimos chorar, apenas balbuciando algumas palavras sem muito sentido. Naquele momento, fui tomada pela urgência de expor minha profunda tristeza e solidariedade, ainda que, nem de longe, pudesse alcançar o quão profunda e dilacerante era a dor da minha amiga, que vivenciava o mais terrível flagelo da maternidade: a perda de um filho. Lucas foi uma criança meiga, um adolescente espirituoso e inteligente e havia se tornado um homem valoroso e dedicado à linda família que começara a construir recentemente com Simone. Não há preparação para tragédias. Acontecimentos devastadores não acontecem apenas em filmes ou nas vidas de pessoas muito distantes. Eventos catastróficos, infelizmente, podem ocorrer com qualquer um, inclusive conosco e com aqueles que amamos. Sinto que *Esperança após a perda* foi gestado por Rita como um filho, em meio a um turbilhão de sentimentos de intensidade avassaladora, e será seu legado não apenas para a amada neta Vera. Trata-se de verdadeiro bálsamo para todos aqueles que, assolados pelo sofrimento extremo, travam suas batalhas pessoais para sobreviver ao luto pela perda de entes queridos. A exemplo da metáfora tão bem empregada pela própria Rita, seu emocionante testemunho de fé, humanidade, superação e renascimento espiritual nos guia, como verdadeiro farol em meio à tempestade, pelos caminhos da compaixão e da crença inabalável no amor e na misericórdia infinita de Deus.

Vanessa Gondim
Amiga e advogada

SUMÁRIO

INTRODUÇÃO
ESPERANÇA APÓS A PERDA: ENCONTRANDO FORÇA E AMOR NA SOMBRA DA AUSÊNCIA......17

CAPÍTULO 1
O DIA EM QUE O MUNDO PAROU......21

CAPÍTULO 2
VAZIO INCOMENSURÁVEL......27

CAPÍTULO 3
PRIMEIROS PASSOS PARA A RESILIÊNCIA......33

CAPÍTULO 4
O APOIO DA FAMÍLIA......39

CAPÍTULO 5
RENASCER DO AMOR......45

CAPÍTULO 6
ENCONTROS DE FÉ......51

CAPÍTULO 7
MOMENTOS DE REFLEXÃO E PAZ......57

CAPÍTULO 8
A FORÇA DA COMUNIDADE......65

CAPÍTULO 9
APRENDENDO A VIVER COM A LEMBRANÇA 71

CAPÍTULO 10
A ARTE DE RESSIGNIFICAR 77

CAPÍTULO 11
NOVAS TRADIÇÕES EM FAMÍLIA 85

CAPÍTULO 12
ENSINAMENTOS QUE PERMANECEM 91

CAPÍTULO 13
A JORNADA CONTINUA 97

CAPÍTULO 14
ESPERANÇA NO HORIZONTE 103

CAPÍTULO 15
DEIXANDO UM LEGADO DE AMOR 109

PARA TODAS AS MÃES QUE ENFRENTAM A INDESCRITÍVEL DOR
DE PERDER UM FILHO, GOSTARIA DE DEIXAR UMA CARTA: 115

CARTA FINAL PARA MEU FILHO LUCAS 117

PRECE FINAL: ORAÇÃO DE CUIDADO E AMOR 125

ÍNDICE REMISSIVO 127

INTRODUÇÃO

ESPERANÇA APÓS A PERDA: ENCONTRANDO FORÇA E AMOR NA SOMBRA DA AUSÊNCIA

A perda de um filho é, sem dúvida, uma das dores mais profundas e devastadoras que um ser humano pode enfrentar. Escrevi este livro não apenas como um relato do luto, mas como uma jornada diária que enfrento, em que o amor, a fé e a presença de Deus, em Sua infinita misericórdia, me consolam e me dão força. Aqui, compartilho os caminhos que tomei — mesmo errando, estagnando e, por vezes, sentindo-me perdida — para encontrar força e renovação após um evento que, à primeira vista, parece insuperável.

O processo de luto é eterno e desafiador. Em algum momento, após perder um filho, muitos de nós chegam àquele lugar no qual gostaríamos apenas de ter mais uma conversa, mais um abraço, mais um olhar. E, então, nos damos conta de que isso não será mais possível.

Minha história começa no dia em que o mundo pareceu parar — o dia em que recebi a notícia que jamais gostaria de ouvir. No primeiro capítulo, mergulho no impacto imediato dessa perda, explorando os sentimentos brutos e a dor que a acompanhou. O vazio deixado pela ausência de um filho ecoa ao longo de cada página, em cada história compartilhada neste livro.

Aqui, relato os maiores desafios de enfrentar a vida sem o meu filho. Escrevo sobre a luta para encontrar sentido quando tudo parece perdido e sobre como, aos poucos, comecei a dar os primeiros passos em direção à resiliência e à ressignificação. Esse processo não é linear — é marcado por avanços e retrocessos, mas sempre encontrei apoio em várias formas: no abraço consolador de um familiar, nas palavras sábias de um amigo, ou na mão estendida de um estranho. Mas, acima de tudo, encontrei força no suporte de Deus.

O amor, surpreendentemente, renasceu para mim na figura da minha neta, Vera — a filha do meu filho que partiu. Ela se tornou uma fonte inesperada de alegria e propósito, ajudando nossa família a ver o mundo com novos olhos. Por intermédio dela, o legado do Lucas continua vivo, trazendo luz aos dias mais sombrios.

A fé desempenha um papel crucial nessa jornada. A crença em Jesus Cristo e em Seus ensinamentos oferece não apenas conforto, mas também uma compreensão mais profunda de que nossa dor pode ter um propósito maior. Neste livro, tento mostrar como a fé pode ser uma fonte de força e esperança, proporcionando um refúgio seguro durante os tempos de tormenta e incerteza. O relacionamento com o divino, muitas vezes, serve como um farol, guiando-nos pela escuridão até um lugar de paz e aceitação.

À medida que a vida se desenrola, percebi a importância do apoio comunitário. Integrar-me a grupos de apoio, seja na igreja, em comunidades locais ou em grupos on-line, tornou-se fundamental. Essas comunidades oferecem um espaço seguro para compartilhar dores semelhantes, compreender diferentes trajetórias de luto e receber apoio de pessoas que verdadeiramente entendem a magnitude da perda. Neste livro, conto sobre alguns momentos importantes em que esses laços, muitas vezes forjados na dor, transformaram-se em relações duradouras de apoio mútuo.

Aprendi, ao longo dessa jornada, que viver com a lembrança de um filho ausente não significa permanecer perpetuamente na dor, mas aprender a incorporar essa memória de uma forma que enriqueça nossa vida. As estratégias para alcançar isso são diversas e profundamente pessoais, mas todas giram em torno da aceitação e da honra à memória daqueles que amamos. Compartilho alguns insights sobre como manter viva a lembrança do Lucas, ao mesmo tempo que aceito a continuidade da vida para aqueles que ficaram.

Nos capítulos finais, abordo a ressignificação da dor. Transformar a perda em um propósito maior pode parecer desafiador, mas é também uma forma poderosa de recuperar o controle sobre a própria vida. Compartilho histórias inspiradoras de pessoas que usaram sua dor como uma plataforma para ajudar os outros, trazendo consolo e ensinando caminhos práticos para seguir em frente.

A criação de novas tradições familiares também desempenhou um papel vital na reconstrução da nossa família. Essas novas tradições servem como uma ponte entre o passado e o futuro, permitindo que honremos nosso ente querido enquanto continuamos a construir uma nova vida juntos. Neste livro, guio o leitor ao longo do processo de estabelecer esses rituais, enfatizando como eles podem fortalecer os laços familiares e promover a cura coletiva.

O luto é uma jornada longa e, muitas vezes, solitária, e escrever diariamente foi a base mais íntima e confiável durante o momento mais difícil da minha vida. Luto não vem apenas da perda física — ele se manifesta de muitas formas: divórcio, perda de emprego, depressão, cansaço... e frequentemente não sabemos lidar com essas emoções. Para mim, o luto me transformou, por vezes, em uma bagunça deprimida, me fazendo sentir como uma estranha. Como qualquer um que já esteve lá sabe, uma das coisas mais surpreendentes sobre o luto é o quanto ele nos faz sentir isolados. Somente aqueles que sofreram serão capazes de entender o que estamos passando.

Escrever foi meu alívio e conforto quando nada mais parecia ter efeito. Meu diário se tornou meu salva-vidas, o lugar onde eu poderia falar minha verdade e expressar com segurança todas as minhas emoções. Ele esteve sempre lá, pronto para ouvir a mesma história quantas vezes eu precisasse contar, sem julgamento.

Vivemos em uma cultura avessa ao luto. Na ausência de rituais adequados, as pessoas lutam por palavras e acabam oferecendo trivialidades que muitas vezes diminuem nossa dor. Antes de viver meu luto, eu também não sabia o que dizer a uma pessoa enlutada. Quantas vezes amigos bem-intencionados, sem saber o que falar, diziam: "Vai ficar tudo bem", quando ficou claro que nunca mais seria o mesmo. Eu precisava que as pessoas reconhecessem minha dor, não que a diminuíssem. Escrever era a maneira de dar voz à história que ninguém queria ouvir.

Foi nas páginas do meu diário que encontrei a liberdade de expressar toda a dor, sem máscaras. Esse processo me ajudou a entender minha própria história e lentamente criar uma nova narrativa. Hoje, sou capaz de contá-la como uma história de redenção — uma jornada em que tropecei na escuridão do luto e saí transformada, mais consciente da preciosidade da vida.

Também fiz uma lista de gratidão, uma maneira poderosa de me concentrar no que ainda é positivo, mesmo em tempos de dor. Enumerar aquilo pelo qual sou grata me ajudou a, por breves momentos, aliviar o sentimento esmagador de tristeza. Eu percebi que, mesmo na dor, ainda existem razões para agradecer e forças para continuar.

Encerro este livro com uma reflexão sobre a jornada contínua do luto. Embora a dor nunca desapareça, aprendemos a nos levantar todos os dias e seguir. Aceitamos que o amor, a perda e a lembrança são partes inextricáveis da vida. O capítulo final, "Deixando um Legado de Amor", olha para o futuro com esperança e propósito, refletindo sobre como as experiências vividas podem inspirar e ajudar outros a superarem suas próprias tragédias.

Salmo 34:18: "Perto está o Senhor dos que têm o coração quebrantado, e salva os contritos de espírito."

Esse versículo reflete a proximidade e o conforto divino nos momentos de dor e perda, sugerindo que, mesmo na escuridão, a luz e o amor de Deus estão presentes para fortalecer e curar.

Esperança após a perda: encontrando força e amor na sombra da ausência não é apenas um livro sobre luto; ele foi minha fonte de esperança, um manual para a resiliência e um testemunho do poder inabalável do espírito humano e da fé.

CAPÍTULO 1

O DIA EM QUE O MUNDO PAROU

Era 25 de março de 2023, uma data duplamente marcada no calendário: meu aniversário de casamento e o dia em que meu mundo desabou sem qualquer aviso. O dia começou com uma alegria contida, um misto de celebração e rotina diária. Meu marido e eu planejávamos um jantar íntimo — algo simples, mas significativo para comemorar nossos anos juntos, uma pausa nas exigências do cotidiano para reconhecer nossa jornada compartilhada de 25 anos de casados.

Meu filho, Lucas, ligou naquela manhã. Sua voz atravessou a linha com uma clareza que, em retrospecto, parecia uma despedida cuidadosamente disfarçada. Ele perguntou sobre nossos planos, desejou felicidades e riu — um riso que agora ressoa em minha memória, carregado de uma profundidade que eu não pude perceber na época. "Aproveitem o dia", ele disse, e a ligação se encerrou com um "eu amo vocês" que, então, não imaginei ser tão cheio de significado e despedida.

À medida que o dia avançava, uma sensação inexplicável de inquietação começou a se instalar em mim. Não era incomum me sentir ansiosa em ocasiões festivas, mas havia algo diferente naquela sensação: um pressentimento sombrio, um peso no peito que não conseguia afastar. Meu marido, notando minha apreensão, tentou me tranquilizar, mas aquela sombra de preocupação indefinida já havia se fixado em mim.

Nós saímos para jantar, tentando nos perder em conversas triviais e no brilho suave das velas sobre a mesa. No entanto, a comida perdeu o sabor, e as risadas soavam distantes, abafadas pela urgência de um medo que eu não conseguia nomear. Levantei-me duas vezes para ir ao banheiro, e lá dentro, encarei meu reflexo no espelho, desejando apenas sair dali. A comida parecia pesar, e pedi ao meu marido que fôssemos embora — não queria mais estar ali. Pagamos a conta e fomos para casa. A caminho, senti uma onda de náusea e dor de cabeça. Meu marido parou o carro, e tentei vomitar. Mas nada saiu. Apenas um vazio desolador e uma sensação crescente de desespero.

Em casa, minha cabeça doía, e eu me sentia perdida. Meu marido, atendendo ao chamado da minha nora, foi ao encontro dela. Pedi para ir também, mas ele insistiu que eu ficasse. Afinal, eu havia feito uma cirurgia no pé recentemente e deveria ficar de repouso. As horas passaram sem notícias. Eu ligava para o celular da minha nora, do meu marido, do meu filho, mas ninguém atendia. A dor de cabeça aumentava. Notei meus filhos cochichando no corredor de casa, e dentro de mim sabia que algo estava muito errado. Foi então, às dez da noite, ao notar meus filhos saindo de "fininho" pela porta de entrada, que decidi segui-los.

Encontrei meu marido, abraçado aos nossos filhos, chorando. E antes mesmo que ele dissesse uma palavra, eu já sabia. "Ele se foi". Lucas havia tirado sua própria vida, deixando para trás uma esposa, uma filha de apenas um ano e uma família agora irreparavelmente fragmentada.

A notícia de sua luta silenciosa com a depressão foi um choque tão profundo quanto a própria perda. Lucas, sempre o pilar de força, o brincalhão, o otimista eterno, havia sido consumido por uma batalha interna que ele escolheu enfrentar sozinho. As perguntas começaram a se amontoar em minha mente: como não percebemos? O que poderíamos ter feito?

Uma pausa para falar sobre a depressão e o amor de Deus

Depressão é uma doença silenciosa, muitas vezes invisível aos olhos dos outros, mas profundamente dolorosa para quem a carrega. É uma dor que nem sempre pode ser explicada, muito menos compreendida facilmente. Ela se esconde nos cantos mais escuros do coração e da mente, e muitas vezes se disfarça em sorrisos, risadas, e até mesmo em gestos de alegria.

Compreendi verdadeiramente essa realidade ao assistir ao documentário sobre o chef Anthony Bourdain, que tirou a própria vida em 2018. Eu conhecia sua história e já sabia o seu desfecho, mas encarar de perto o sofrimento dele me fez refletir sobre o quanto a depressão pode afetar até mesmo aqueles que parecem ter "tudo". Depressão não escolhe suas vítimas com base em riqueza, sucesso ou felicidade aparente. Ela pode se esconder atrás de uma vida que, aos nossos olhos, parece perfeita.

Pode parecer incompreensível que alguém como Bourdain, que viajou o mundo, experimentou culturas, comidas e aventuras, tenha desistido da vida. O que poderia estar faltando para ele? Mas muitas vezes, a depressão não se trata de algo externo que está faltando; é uma batalha interna, uma busca constante por alegria, por sentido, por paz, que parece nunca ser encontrada. Essa busca é cansativa e, para muitos, acaba levando a um cansaço insuportável.

A resposta para essa dor profunda não está nas grandes conquistas, nos excessos, ou no mundo exterior. A resposta não está lá fora, porque a depressão nos obriga a olhar para dentro, e o que encontramos lá nem sempre é fácil de encarar. Às vezes, esse confronto interno nos leva a desistir. Mas é aqui que reside uma esperança poderosa: cada pessoa que enfrenta a depressão e não desiste é um verdadeiro sobrevivente. Cada dia vivido é uma pequena vitória, e essa luta silenciosa é conhecida por Deus. Não estamos sozinhos em nossa dor.

Por mais invisível que seja, a nossa dor é visível para o Senhor, que nos sustenta com Seu amor. Em momentos de profundo desespero, quando tudo parece perder o sentido, o amor de Deus se faz presente como uma âncora para nossa alma. Ele vê a dor invisível e entende aquilo que nem sempre conseguimos expressar. O Salmo 34:18 nos lembra: "O Senhor está perto dos que têm o coração quebrantado e salva os que têm o espírito abatido." Nessas palavras, encontramos o consolo de que, mesmo nos dias mais sombrios, Ele está ao nosso lado, segurando nossas mãos quando não conseguimos mais caminhar sozinhos.

Por muito tempo, escondi de mim mesma minhas tristezas, minhas lutas, a dificuldade de aceitar essa condição que me acompanhava como uma sombra. Eu era aquela que sempre parecia estar bem, que era positiva e conselheira, que nunca recusava sair com os amigos. Mas por trás de tudo isso, havia uma busca incessante por algo que eu não conseguia definir, uma dor que, por muitas vezes, me fazia brigar comigo mesma.

Com o tempo, fui aprendendo a confiar mais em Deus. Comecei a terapia, para entender onde estava essa ferida e o que eu poderia fazer para curá-la. Descobri que o amor de Deus é maior do que qualquer dor que eu pudesse carregar. Ele não me abandonou nos momentos de fraqueza e, por mais que me sentisse incompreendida, Ele sempre esteve lá, sussurrando ao meu coração: "Eu te amo, exatamente como você é." A vida nunca será perfeita, e talvez eu nunca seja essa "pessoa normal" que imaginei. Mas, com Deus ao meu lado, estou aprendendo a ser mais paciente comigo mesma, a aceitar minhas limitações e a entender que, mesmo em meio à dor, há beleza na vida.

Reflexão

Se você está lutando com a depressão ou conhece alguém que está, saiba que o amor de Deus é para todos nós. Ele conhece nossas lutas e nos ama, mesmo em nossos momentos de maior escuridão. Ele não nos julga por nossas fraquezas, mas nos acolhe e nos oferece esperança. E para aqueles que estão sobrevivendo a essa batalha silenciosa, lembrem-se de que cada dia é uma vitória, e Deus está ao seu lado, pronto para oferecer Seu amor incondicional e Sua paz.

Prece

Senhor, em meio à dor e à escuridão que muitos de nós enfrentamos, acolhe-nos com Teu amor. Sabemos que não estamos sozinhos em nossa luta, e que Tu vês nossas lágrimas, ouves nossos clamores e conheces nossos corações. Ajuda-nos a confiar em Tua presença e a encontrar esperança, mesmo nos dias mais difíceis. Que Teu amor seja o sustento daqueles que sofrem, e que Tua paz nos envolva, trazendo cura e renovação para nossas almas. Amém.

Cartão de Consolo e Esperança

Guarde isto com você, dentro da carteira ou de um livro favorito. Que estas palavras sejam um lembrete de que você não está sozinho, mesmo nos momentos mais sombrios.

"Que o Senhor te abençoe e te guarde; que o Senhor faça resplandecer o Seu rosto sobre ti e te conceda graça; que o Senhor volte o Seu rosto para ti e te dê paz." — Números 6:24-26

Quando a dor parecer insuportável, quando o silêncio se tornar opressor, lembre-se de que há um Deus que caminha ao seu lado, mesmo nas noites mais escuras. Ele é o teu refúgio, tua força, teu conforto eterno.

Oração de Conforto

"Senhor, nos momentos em que meu coração está partido e minhas lágrimas parecem não ter fim, segura minha mão e me guia com Tua luz. Dá-me forças para seguir em frente, para encontrar a paz em Teu amor e o conforto em Tua presença. Amém."

Mensagem de Esperança

Você é mais forte do que imagina, porque dentro de você habita o amor infinito de Deus. A dor pode ser profunda, mas nunca será maior do que a graça que nos sustenta. Nunca deixe de acreditar que, após cada noite escura, sempre nasce um novo dia.

> Dia 25 de junho de 2023.
>
> Meu filho,
>
> Hoje faz 3 meses que você partiu e o tempo parou para a nossa família. Foi o dia em que uma parte de mim se foi com você, meu filho, e o mundo perdeu um pouco do seu brilho. Desde então, os dias têm sido marcados por uma saudade tão profunda que, às vezes, sinto que meu coração mal pode suportar. Eu me pego pensando na sua risada alta, no seu jeito de ver o mundo com um olhar tão único e profundo, como se você enxergasse além do que todos nós conseguíamos.
>
> Filhote, você sempre foi a minha luz, e sua partida deixou um vazio que nada pode preencher. Sinto que você ainda está conosco. Continuamos te amando com toda força e prometemos que vamos encontrar maneiras de honrar sua memória todos os dias.
>
> Sua mãe ♡

CAPÍTULO 2

VAZIO INCOMENSURÁVEL

Após aquela noite devastadora, quando a notícia despedaçou qualquer semblante de normalidade, os primeiros raios de sol da manhã seguinte pareciam zombar de nossa dor. O mundo lá fora continuava indiferente, os sons do cotidiano retomavam seu curso como se nada tivesse acontecido. Dentro de nossa casa, porém, cada canto e cada objeto pareciam impregnados de ausência. Lucas estava em todos os lugares e, ao mesmo tempo, dolorosamente ausente.

Os dias que se seguiram foram um borrão de procedimentos e preparativos. O funeral teve que ser organizado — uma tarefa árdua que recaiu sobre nós enquanto tentávamos navegar pela névoa do choque e do luto. As condolências chegavam, e cada uma trazia consigo uma nova onda de realidade: Lucas realmente se fora. Amigos e familiares se reuniam em nossa casa, trazendo comidas, flores e palavras de conforto, mas nada parecia tocar o vazio que ele havia deixado.

Enquanto organizávamos suas coisas, cada objeto que tocávamos era como uma facada no coração. Roupas ainda penduradas que ele nunca mais vestiria, projetos inacabados que ele nunca completaria, seu laptop, sua caneta favorita, seu relógio agora silencioso num canto do quarto — tudo era um lembrete cruel de tudo o que havíamos perdido. Eu me perguntava como poderíamos continuar vivendo nesse espaço, que mais se parecia com um museu de memórias, onde cada lembrança era tanto uma fonte de dor quanto de amor.

A dor de perder um filho é uma ferida que parece nunca cicatrizar. Como mãe, eu lutava contra a culpa corrosiva — aquela voz constante me perguntando se havia sinais que não vi, palavras que não disse, abraços que não dei. Meu marido, por sua vez, tornou-se uma fonte de amor e apoio, mesmo quando minhas conversas eram reduzidas a sussurros e longas pausas. Ele estava ali, firme, sustentando-nos em um momento em que tudo parecia se desintegrar ao nosso redor.

Nos momentos de silêncio, fui tomada pela necessidade de encontrar formas de honrar a memória do Lucas. Ao lado das suas fotos, coloquei um versículo da Bíblia — palavras que, em muitos momentos, trouxeram consolo ao meu coração.

A cremação foi planejada com uma delicadeza que refletia a profundidade do nosso amor por ele e o desejo de honrar sua memória da maneira mais respeitosa e significativa possível. A dor de ver seu filho partir de forma tão definitiva é algo que não consigo colocar em palavras.

O pai do Lucas, que veio do Brasil para esse doloroso adeus, se juntou a nós em uma jornada silenciosa até a praia que Lucas tanto amava. Era um lugar onde ele passara muitos momentos ensolarados, rindo e compartilhando preciosidades com amigos, sua esposa e sua filha. A praia sempre fora um refúgio para ele, um lugar de paz e contentamento, e, portanto, não havia local mais apropriado para dizermos nosso último adeus.

Num dia de céu aberto, com pontos de laranja e vermelho, nos reunimos perto das ondas que quebravam suavemente na areia. Simone, sua esposa, pegou o jarro e, com o coração pesado, conseguiu caminhar até o mar, junto ao seu irmão Jordan, para lançar ali as cinzas do meu filho. Era um momento solene, cheio de uma tristeza profunda, mas também de amor.

Eu não conseguia acreditar no que estava acontecendo. Parecia um pesadelo do qual eu iria acordar e descobrir que tudo estava bem. Mas não era um sonho. Quando um raio de sol penetrou as nuvens densas, lançando um feixe de luz sobre o caminho que Lucas fazia pela última vez, senti como se ele estivesse nos enviando um sinal de consolo, um gesto de paz, dizendo que, de alguma forma, tudo ficaria bem. Era como se estivéssemos entregando Lucas de volta ao universo, ao vasto e misterioso mar que agora serviria como seu repouso final.

Foi um momento de beleza triste, as palavras de nossas preces misturando-se com o som do mar. Falamos sobre sua alegria de viver, seu sorriso contagiante e os momentos em que ele nos fez sentir que a vida era uma grande aventura. Lágrimas foram compartilhadas abertamente, cada gota uma mistura de tristeza e gratidão por termos tido Lucas em nossas vidas.

Quando as últimas palavras foram ditas, cada um de nós, por vez, aproximou-se da beira da água. Com gestos trêmulos, mas cheios de amor, observamos as cinzas se misturarem com a espuma das ondas, sendo levadas pelo mar que ele tanto adorava.

O adeus foi um momento de libertação dolorosa, mas também de uma estranha paz, sabendo que Lucas estaria para sempre em um lugar que amava, livre das tormentas internas que o haviam consumido. Na praia, nos abraçamos, encontrando consolo no calor humano contra a brisa fria do oceano.

A despedida na praia não marcou apenas o fim da presença física do Lucas entre nós, mas também o início do nosso próprio processo de cura. Sabíamos que a jornada do luto seria longa e cheia de desafios, mas aquele momento na praia, com as ondas testemunhando nosso luto e a natureza abraçando nosso sofrimento, nos deu uma base de força e união para enfrentar os dias à frente. Foi um adeus feito de lágrimas, mas também de uma promessa silenciosa de que, de alguma forma, encontraríamos um caminho para seguir em frente, levando Lucas conosco em nossos corações e memórias.

Nas mensagens que recebi durante aquele dia — amigos e familiares compartilhando anedotas e lembranças — cada história revelou diferentes facetas de sua personalidade: seu humor rápido, sua generosidade, seu espírito gentil. Sua esposa, com lágrimas nos olhos e a voz trêmula, falou sobre como ele era um marido amoroso e um pai dedicado, cujo amor por sua filha era visível em cada gesto e palavra.

Após o funeral na praia, enquanto caminhávamos de volta para nossos carros, o ar parecia mais leve, embora o peso da perda ainda pesasse em nossos corações. Havia um senso de catarse, de ter compartilhado não apenas a dor, mas também o amor e a vida de Lucas, reconhecendo sua jornada entre nós e o legado que ele deixava — um legado de amor, valores e momentos preciosos que, apesar de sua partida precoce, permaneceriam conosco para sempre.

Nesse dia de despedida, aprendemos que, embora não possamos mais ter Lucas conosco fisicamente, as lembranças e o amor que compartilhamos com ele continuarão a nos guiar, como faróis na escuridão, enquanto procuramos encontrar nosso próprio caminho para a luz.

Reflexão e Fé

Em meio ao vazio incomensurável que se formou com sua partida, encontrei um refúgio inesperado nas palavras de um antigo texto que sempre ressoou em meu coração durante momentos de aflição. O Salmo 34:18 diz: "O Senhor está perto dos que têm o coração quebrantado e salva os de espírito abatido."

Essas palavras, proferidas há milênios, alcançam-me agora com uma clareza e força renovadas. Em cada palavra, sinto a proximidade de uma presença que promete não apenas companhia, mas também um resgate do meu espírito abatido. Na minha jornada de luto, esse versículo tornou-se um mantra, uma lembrança de que não estou sozinha em minha dor.

Houve dias em que a tristeza parecia uma companhia constante e esmagadora. Nos momentos mais escuros, refleti sobre essas palavras e me permiti sentir a presença reconfortante prometida no salmo. Elas não dissiparam a dor, mas me ofereceram suporte — um ponto firme ao qual pude me agarrar.

Este capítulo, embora permeado pela dor da ausência de Lucas, é também um testemunho da minha busca por significado e conforto nas escrituras.

Mensagem Final

Que a luz dessas palavras de fé e esperança continue a iluminar o caminho, trazendo consolo e inspiração em meio à escuridão da saudade. Que a certeza do amor eterno e da promessa de um reencontro futuro nos console nos momentos de dor e nos fortaleça para seguirmos em frente, honrando sua memória e celebrando a vida que compartilhamos. Que essas reflexões possam ecoar em nossos corações e nos lembrar de que, mesmo na ausência física, o amor perdura, e a esperança nos sustenta, guiando-nos rumo a um futuro de paz e plenitude.

Cartão de Consolo e Esperança

Guarde este pequeno cartão como um símbolo de conforto e força, uma lembrança de que, mesmo na escuridão, há uma luz que nunca se apaga.

"O Senhor é a minha luz e a minha salvação; de quem terei medo? O Senhor é a fortaleza da minha vida; a quem temerei?"
— Salmo 27:1

Oração de Paz

"Senhor, nos momentos em que me sinto perdida e sem direção, seja minha luz e meu guia. Nos dias em que a dor parece insuportável, enche meu coração com a Tua paz e renova a minha esperança. Que eu encontre consolo em Tua presença e força em Teu amor. Amém."

Mensagem para Guardar

"Que você encontre força em sua fé, coragem em cada novo amanhecer, e paz no amor eterno que transcende a dor da perda. Lembre-se sempre: mesmo nos momentos mais difíceis, você é envolvido pelo amor divino e pelo conforto de um Deus que nunca te abandona."

> Dia 25 de Agosto de 2023.
>
> Meu filho,
>
> Hoje, quero falar sobre esse vazio que ficou desde que você se foi. A casa parece silenciosa sem você. Seus objetos, suas roupas, tudo ao nosso redor ainda guarda a sua presença. Há dias em que o silêncio grita dentro de mim, e tudo o que eu mais queria era ouvir a sua voz, a sua risada. Mesmo a dor de saber que você lutou sozinho com suas batalhas me assombra, porque eu desejava tanto ter estado lá para você, para segurar sua mão e dizer que tudo ficaria bem.
>
> Aprendi que o luto é um vazio que preenche o tempo de maneiras inesperadas.
> Sinto sua falta, meu filho.
>
> Com carinho e amor,
> Sua mãe

CAPÍTULO 3

PRIMEIROS PASSOS PARA A RESILIÊNCIA

Nos dias e semanas que se seguiram à despedida de Lucas na praia, cada amanhecer trazia consigo uma mistura de dor e desafio. A realidade de seu adeus final ainda pairava sobre nós como uma neblina densa, difícil de atravessar. No entanto, à medida que o tempo passava, começamos lentamente a reconhecer a necessidade de encontrar uma forma de viver que honrasse sua memória enquanto nos permitia continuar.

Os primeiros passos em direção à resiliência foram pequenos e, muitas vezes, vacilantes. Cada membro da família encontrou sua própria maneira de lidar com o luto. Eu, por exemplo, descobri um refúgio inesperado na escrita. Comecei a manter um diário, onde derramava não apenas minha tristeza e saudade, mas também as lembranças alegres de momentos compartilhados com Lucas. Essa prática se tornou uma forma de terapia, ajudando-me a organizar meus pensamentos e emoções e, de certa forma, a manter uma conversa com ele, mesmo na sua ausência.

Meu marido voltou-se para o trabalho e para a academia, tentando encontrar alguma ordem em meio ao caos emocional. Minha filha Júlia retomou seus estudos na faculdade, enquanto meu filho Mateus buscou refúgio no trabalho. Simone, minha nora, encontrou consolo na pequena Vera, a filha que ela e Lucas trouxeram ao mundo, e que agora era uma fonte constante de alegria e esperança em nossas vidas.

Perder uma pessoa que amamos é devastador. Mudamos profundamente com a perda. Eu era uma pessoa antes de março de 2023;

hoje, mais de um ano depois, sou outra. Nunca, em meus piores pesadelos, imaginei esse cenário. Como mães, não estamos preparadas para perder um filho. Num instante, minha vida foi rasgada ao meio, e senti uma perda total de controle sobre meu corpo e minha mente. Eu não me reconhecia naquele momento. Meus pensamentos pareciam vagos, e não conseguia me lembrar de nada com clareza.

Por muitos dias, o sono e o apetite desapareceram. A dor era tão profunda que não encontrava palavras para explicar. Meu marido, meus filhos, minha nora e minha neta eram minha única esperança de continuar.

Voltei ao trabalho. Vestia minha "capa" de profissional e seguia em frente. Meu chefe foi extremamente compreensivo em todos os aspectos, e meus colegas de trabalho me ajudaram muito nesse processo. Mas ao voltar para casa, tirar a "capa" era difícil. Nós não gostamos de escolhas difíceis. Precisava estar de pé para ajudar minha nora e minha neta. Muitas vezes, questionei minhas habilidades e minha capacidade de seguir em frente. A dor me deixou relapsa, esquecida, mais emotiva, irritada, triste, assustada, com medo, e vazia.

Questionava minha realidade todos os dias. No entanto, com a ajuda dos meus filhos, meu marido e algumas pessoas queridas, me via coberta de amor. E o amor cura. Os dias foram passando e percebi que, mesmo sem forças, tinha que ajudar minha nora. Ela era mãe da minha neta e precisava do meu apoio total. Tomei a decisão de sair da minha "caixa de tristeza, raiva, frustração e lamentação". Queria que Lucas tivesse orgulho do que estávamos tentando fazer: permanecer unidos, na dor e no amor.

Com o tempo, essas pequenas ações começaram a tecer uma rede de apoio que nos envolvia, conectando-nos uns aos outros e ao mundo exterior de maneiras que não havíamos antecipado. O luto, aprendi, não é algo que se supera, mas algo com o qual se aprende a conviver. A dor pode diminuir com o tempo, mas as lembranças permanecem, e encontramos conforto e força nessas memórias.

A fé também desempenhou um papel crucial em nossos primeiros passos em direção à cura. Encontramos em nossa crença uma fonte de força e esperança. A igreja e nossa comunidade religiosa ofereceram não apenas um espaço para lamentar, mas também um lugar para encontrar compreensão e apoio. As mensagens de fé — a esperança na vida após a morte e a crença em um propósito maior — nos ajudaram a encontrar algum consolo em nossos momentos mais sombrios.

Cada um desses passos, embora pequenos e muitas vezes quase imperceptíveis, começou a nos levar por um caminho de reconstrução e renovação. Estávamos aprendendo a integrar a perda em nossas vidas de uma forma que nos permitisse seguir em frente, respeitando o passado, mas também olhando para o futuro com uma nova perspectiva. A jornada era dolorosa, mas também cheia de momentos de beleza e de conexões inesperadas que nos lembravam de que, mesmo na tristeza mais profunda, há espaço para crescimento e esperança.

Nesse caminho tortuoso que é a jornada do luto, aprendemos não apenas a lidar com a perda, mas também a encontrar forças em lugares que nunca imaginamos antes. O apóstolo Paulo, em sua carta aos Romanos, capítulo 5, versículos 3 a 5, expressa essa transformação de uma maneira que ressoa profundamente comigo: "E não somente isto, mas também nos gloriamos nas tribulações; sabendo que a tribulação produz a perseverança; e a perseverança, a experiência; e a experiência, a esperança. E a esperança não nos confunde, porque o amor de Deus está derramado em nossos corações pelo Espírito Santo que nos foi dado."

Essas palavras mostram a dor não como um fim, mas como o início de um processo de crescimento, em que cada passo difícil nos molda e fortalece. A resiliência não nasce do nada; ela é forjada nas profundezas da adversidade, em que aprendemos a transformar nossa dor em esperança.

Para você, que está lendo este livro em busca de consolo após a perda de um filho, quero deixar uma mensagem: você não está sozinho nessa jornada. A dor que sente é um testemunho do amor profundo que tinha por seu filho. Permita-se sentir essa dor, mas também permita-se encontrar pequenas doses de esperança e perseverança em cada dia. Não há um caminho certo para lidar com a perda, mas cada pequeno passo que você dá em direção à resiliência é um passo que honra a memória de seu filho e fortalece seu próprio espírito.

Cada dia traz consigo tanto o desafio quanto a oportunidade de crescer, de se redescobrir e de reencontrar a esperança que, às vezes, parece tão distante. Que a luz destas palavras inspire em você a coragem de enfrentar seus desafios com fé e determinação e a sabedoria de enxergar as oportunidades de crescimento e renovação em meio às adversidades.

Que a esperança seja sempre sua companheira de jornada, guiando seus passos e iluminando seu caminho, mesmo nos momentos mais sombrios. Que a força e a perseverança que encontramos nas Escrituras possam ser um alicerce sólido para sua caminhada, lembrando-o de que, assim como a alegria prometida, a superação e a transformação estão ao alcance de todos os que mantêm a chama da esperança acesa em seus corações.

Aprenda a confiar no tempo, na força que surge da vulnerabilidade, e na fé que transcende o entendimento. Lembre-se de que, por mais solitária que essa estrada possa parecer, há muitos outros que, como você, estão caminhando por caminhos semelhantes, e que juntos, mesmo em silêncio, formamos uma rede de apoio invisível, sustentada pela graça de Deus.

Cartão de Reflexão e Esperança

Este cartão é um lembrete de que você é mais forte do que imagina, sustentado pelo amor que nunca acaba e pela fé que nunca se apaga.

"'Porque sou eu que conheço os planos que tenho para vocês', diz o Senhor, 'planos de fazê-los prosperar e não de causar dano, planos de dar a vocês esperança e um futuro'."

— Jeremias 29:11

Oração de Resiliência

"Senhor, quando as dificuldades parecem impossíveis de suportar, concede-me a força para dar um passo de cada vez. Que eu encontre em Ti a fonte da minha perseverança e que, por meio da minha dor, eu possa ser transformado pela esperança que vem de Tua promessa eterna. Amém."

Mensagem para Guardar

"Nunca subestime a força que reside dentro de você. A dor é real, mas também é a capacidade de se curar, de encontrar alegria novamente e de viver plenamente, mesmo carregando a saudade. Permita-se florescer, mesmo em meio às tempestades, pois a esperança sempre renasce com a luz de cada novo amanhecer."

Dia 25 de setembro de 2023.

Meu filho,

Nesses meses sem você, tenho aprendido a dar pequenos passos para seguir em frente, mesmo que às vezes pareçam pesados demais. A saudade é imensa, mas há uma força que não sabia que possuía. Cada dia é uma batalha entre a dor e a necessidade de seguir adiante, mas tento escolher a resiliência, como você teria feito.

Tenho encontrado consolo em Deus, nas coisas mais simples, como escrever para você e sobre você. Esse processo, embora doloroso, tem me ajudado a entender que a sua vida, mesmo que curta, foi cheia de amor, de intensidade, de momentos que nunca serão esquecidos.

Estou aprendendo a transformar a dor em lembranças de amor. Está difícil!

Sua mãe.

CAPÍTULO 4

O APOIO DA FAMÍLIA

No turbilhão de emoções que se seguiu à partida de Lucas, a força da minha nora Simone emergiu como um verdadeiro farol de resiliência e cuidado. Mesmo no auge do seu próprio luto, Simone assumiu a responsabilidade de criar Vera, nossa neta, com uma graça e determinação que todos nós admirávamos. Vera, com apenas um ano de idade na época da tragédia, era um raio de sol que iluminava nossos dias mais sombrios, e Simone fazia de tudo para garantir que sua filha sentisse o amor de seu pai, mantendo viva sua memória por meio das histórias que contava sobre ele.

O apoio que recebemos aqui nos Estados Unidos, tanto de familiares quanto de amigos, formou uma rede de segurança emocional que nos permitiu enfrentar cada dia. As visitas, as refeições preparadas e simplesmente a presença silenciosa de quem nos queria bem foram fundamentais para nossa recuperação. E, apesar da distância física, nossa família no Brasil também se fez presente de todas as maneiras possíveis, enviando mensagens de apoio, ligando frequentemente e compartilhando memórias do Lucas. Essas manifestações de carinho nos ajudavam a sentir que, de alguma forma, todos estávamos juntos nesse luto, unidos por um amor que transcendia qualquer distância.

Voltar ao trabalho foi um passo importante na minha jornada pessoal de luto e cura. No início, a ideia de retomar a rotina normal de trabalho parecia quase impossível. Como eu poderia me concentrar nas tarefas diárias quando uma parte tão essencial da minha vida havia se despedaçado? No entanto, descobri que o trabalho poderia ser uma distração bem-vinda, um lugar onde eu poderia canalizar as energias e pensamentos que, de outra forma, ficariam presos em um ciclo contínuo de tristeza. Meus colegas de trabalho demonstraram uma compaixão e compreensão que nunca esquecerei. Eles não apenas respeitaram meu luto, mas também criaram um ambiente onde me sentia segura para expressar minhas emoções, um ambiente onde, pouco a pouco, consegui reencontrar um sentido de normalidade.

Nem todas as relações familiares, infelizmente, foram capazes de suportar a tempestade do luto. A distância emocional e física entre mim e minha mãe, que já era perceptível devido a diferenças de visão e personalidade, tornou-se um abismo insuperável após a morte de Lucas. Ela, incapaz de processar sua própria dor de maneira saudável, acabou se voltando para a raiva. Essa raiva se transformou em amargura, e ela começou a culpar o mundo, e, indiretamente, a todos nós. Essa transformação resultou em um doloroso afastamento. Perder Lucas foi devastador, e a subsequente perda do relacionamento com minha mãe adicionou uma nova camada de dor que tive que aprender a navegar. Isso me ensinou que o luto pode nos mudar de maneiras inesperadas, e que nem sempre as relações sobreviverão às tormentas que enfrentamos.

Em Eclesiastes 4:9-12, lemos: "Melhor é serem dois do que um, porque têm melhor paga do seu trabalho. Pois se caírem, um levantará o seu companheiro; mas ai do que estiver só; pois, caindo, não haverá outro que o levante. Também, se dois dormirem juntos, eles se aquentarão; mas um só, como se aquentará? E, se alguém prevalecer contra um, os dois lhe resistirão; e o cordão de três dobras não se quebra tão depressa."

Esse trecho bíblico nos lembra de uma verdade fundamental: não estamos destinados a enfrentar as tempestades da vida sozinhos. A dor, embora profundamente pessoal, pode ser suavizada pelo calor e pela força dos laços familiares. A imagem de dois que se levantam juntos, e de um cordão de três dobras que não se rompe facilmente, é um poderoso lembrete de que a união familiar oferece não apenas conforto, mas também uma força incrível. Quando nos permitimos ser sustentados pelos outros, quando aceitamos que nossa dor é também a dor daqueles que nos amam, transformamos o luto em uma jornada compartilhada de cura.

Na caminhada através do vale das sombras que a perda de um filho traz, cada membro da família se torna um pilar, que, juntos, formam uma estrutura capaz de suportar o peso do luto. Foram esses laços que me proporcionaram o apoio necessário para não apenas sobreviver, mas também começar o difícil processo de cura. Cada abraço compartilhado, cada momento de silêncio respeitoso e cada palavra de encorajamento eram como pequenos tijolos que, juntos, começaram a construir um novo alicerce em nossas vidas.

Esse capítulo da nossa vida, marcado por tanta dor, também revelou a força da nossa unidade familiar e o poder do apoio comunitário. Ensinou-nos sobre a capacidade humana de empatia e a importância de estarmos cercados por pessoas que nos ofereçam não apenas suporte, mas também espaço para vivenciar nosso luto de maneira autêntica. Aprendemos que, enquanto algumas relações podem ser perdidas ou irremediavelmente alteradas pela adversidade, outras podem se fortalecer, oferecendo novos alicerces sobre os quais podemos reconstruir nossas vidas.

Que a experiência de união e solidariedade familiar que vivenciamos nos momentos mais difíceis seja um lembrete poderoso da importância de cultivar e preservar os laços que nos conectam uns aos outros. Que a empatia e o apoio mútuo que recebemos e oferecemos sejam a base sólida sobre a qual construímos nossa resiliência e fortalecemos nossos vínculos. Que a presença amorosa e acolhedora de nossos entes queridos continue a nos sustentar e a nos inspirar a ser fonte de conforto e encorajamento para aqueles que estão ao nosso redor.

Convido você a celebrar a presença e o cuidado daqueles que estão ao seu lado, fortalecendo os laços familiares e comunitários que são fundamentais para o nosso bem-estar emocional e espiritual. Que a gratidão pelo apoio recebido e a disposição de oferecer o mesmo aos outros sejam os alicerces de uma rede de amor e solidariedade que nos fortalece em todos os aspectos de nossa jornada. Que a família, no seu sentido mais amplo e acolhedor, seja o refúgio seguro em que encontramos conforto, compreensão e a força para seguir em frente, unidos e resilientes, rumo a um futuro de esperança e renovação.

Cartão de União e Amor Familiar

Este cartão é um lembrete de que, mesmo nos momentos de maior dor, o apoio e o amor daqueles ao nosso redor nos ajudam a encontrar força e resiliência para continuar.

"E consideremo-nos uns aos outros para nos incentivarmos ao amor e às boas obras."
— Hebreus 10:24

Oração de Fortalecimento Familiar

"Senhor, obrigado pela presença constante dos que amo em minha vida. Que possamos nos apoiar mutuamente em tempos de tristeza e celebrar juntos em tempos de alegria. Que nossos laços sejam sempre fortes, nossos corações abertos, e nossa fé inabalável. Dá-nos a graça de ser apoio e conforto uns para os outros, especialmente nos momentos mais difíceis. Amém."

Mensagem para Guardar

"A família é o maior presente de Deus, um laço de amor inquebrável que nos sustenta em tempos de dor e celebra em tempos de alegria. Que você sempre encontre abrigo naqueles que te amam e que a união e o apoio familiar sejam seu maior consolo e força."

Dia 23 de Outubro de 2023.

Meu menino, Parabéns! ♡

Tive vontade de te abraçar e dizer o quanto te amo. Tive vontade de olhar nos teus olhos e dizer o quanto sou orgulhosa de você. Tive vontade de fazer o seu bolo preferido.

Nesses dias de ausência, temos encontrado força uns nos outros. Sua partida nos uniu mais ainda, nos fazendo perceber a importância de estar perto de quem amamos.

Sua partida nos ensinou a importância de valorizar o tempo que temos juntos. Tenho certeza de que você, de algum lugar, está nos observando com um sorriso no rosto, vendo como estamos caminhando, mesmo com os corações quebrados.

Sentimos sua falta

Com amor,
Sua mãe.
♡

CAPÍTULO 5

RENASCER DO AMOR

À medida que os meses se transformavam em um ano, Vera, nossa pequena luz, começou a mostrar o vigor e a alegria que só as crianças possuem. Com apenas um ano de idade quando seu pai, Lucas, partiu, ela ainda era muito pequena para compreender a magnitude da perda que todos nós havíamos sofrido. Mas agora, aos dois anos, Vera irradiava uma energia e uma alegria de viver que, de alguma forma, nos relembravam diariamente de que a vida continua, vibrante e cheia de novas promessas.

Vera crescia rapidamente. Seus primeiros passos vacilantes logo se transformaram em corridas confiantes pela casa, e seu sorriso, amplo e luminoso, tinha o poder mágico de suavizar as bordas afiadas de nosso luto. Ela começou a formar palavras, e logo essas tentativas iniciais de comunicação evoluíram para frases completas, cada uma revelando mais de sua personalidade destemida e amorosa. Fisicamente, Vera era a imagem viva de Lucas. Seus olhos grandes e expressivos eram cópias exatas dos dele, assim como a curvatura de seu sorriso, que iluminava seu rosto em momentos de alegria. Era como se, em cada traço dela, Lucas tivesse deixado uma parte de si, um legado vivo que continuava a crescer e a explorar o mundo ao seu redor.

Simone, sua mãe, desempenhou um papel fundamental nesse desenvolvimento. Ela estava sempre presente, sendo uma constante fonte de amor e estabilidade para Vera. Em cada nova descoberta, em cada novo desafio que Vera enfrentava, Simone estava lá, guiando-a com paciência e carinho. Sua dedicação proporcionava à Vera um senso de segurança inestimável, além de fortalecer o vínculo entre elas, construindo uma relação profundamente enraizada no amor e na compreensão mútua.

Nossa gratidão a Jesus e a Deus por nos sustentarem durante esses tempos turbulentos tornou-se um tema constante em nossas vidas. Em nossas orações e reflexões, frequentemente encontrávamos conforto na fé, que nos proporcionava a força necessária para seguir em frente. A presença divina, especialmente nos momentos de dificuldade, parecia palpável; por meio de nossa crença, conseguíamos encontrar paz e resiliência.

Observar Vera crescer trouxe uma nova camada de cura para todos nós. Ela era um lembrete constante de que, apesar da dor e da perda, a vida ainda podia ser bela e cheia de oportunidades para o amor e a alegria. Sua inocência e capacidade de encontrar felicidade nas pequenas coisas eram contagiantes, e frequentemente nos encontrávamos rindo com ela, redescobrindo a beleza do mundo através de seus olhos. Ela, de forma inesperada e transformadora, nos mostrou que a alegria e o amor são possíveis, mesmo em meio ao luto.

Em 1 Coríntios 13:7-8, o apóstolo Paulo nos diz: "Tudo sofre, tudo crê, tudo espera, tudo suporta. O amor nunca falha; mas havendo profecias, serão aniquiladas; havendo línguas, cessarão; havendo ciência, desaparecerá."

No contexto da nossa família, esses versículos ganham uma nova dimensão por intermédio da presença da Vera. Sua chegada reacendeu uma chama de esperança e amor em nossos corações, ainda tão abalados pela dor. Vera nos ensina diariamente que o amor é uma força que tudo suporta e nunca falha. Ela nos mostra que, mesmo nas circunstâncias mais desafiadoras, o amor tem o poder de transformar, de curar e de renovar.

Ver em Vera a personificação do amor inabalável de que fala 1 Coríntios é um lembrete de que, não importa o quão profundo seja o vale do desespero, o amor nos proporciona asas para emergir dele. Sua presença entre nós foi como uma nova primavera, trazendo consigo a renovação e o renascimento que só o amor eterno pode inspirar.

Na minha percepção, esse versículo sublinha uma verdade fundamental sobre o amor: ele é uma força eterna que não apenas sobrevive às adversidades, mas também as transcende. Com Vera, aprendemos que cada gesto de carinho, cada sorriso e cada abraço são manifestações desse amor que nos sustenta e nos guia através dos tempos mais sombrios.

O amor de que Paulo fala não é uma abstração distante; ele é visceral e se faz presente nas interações diárias, nas pequenas conquistas e nos grandes desafios. Com Vera, o amor renasce em nossa família todos os dias, mostrando que, mesmo após a maior das perdas, a capacidade de amar e de ser amado permanece, tão vital e vigorosa quanto sempre foi.

Este capítulo de nossas vidas, embora marcado pelo luto, também foi definido pela recuperação e pela renovação. Vera, com sua alegria inabalável e espírito indomável, é a prova viva de que, mesmo nas circunstâncias mais sombrias, há sempre espaço para a luz brilhar. Ela não apenas leva adiante a memória de seu pai, mas nos mostra que o amor, uma vez dado, nunca realmente desaparece. Ele apenas se transforma e se renova, fluindo ao longo das gerações e trazendo consigo a promessa de novos começos.

Que a jornada de recuperação e renovação que empreendemos após a perda do Lucas seja um testemunho vivo da resiliência do espírito humano e da capacidade de transformar a dor em crescimento e aprendizado. Seu legado de amor e esperança ecoa por meio de nós, inspirando-nos a ser agentes de positividade e generosidade no mundo, fortalecendo os laços que nos unem e semeando sementes de compaixão e empatia por onde passamos.

Convido você a refletir sobre a trajetória de superação e renascimento que percorremos juntos, encontrando inspiração na coragem e na determinação que nos guiaram ao longo desse caminho. Que a memória de Lucas, com sua luz inextinguível, seja um farol que nos conduz a novos horizontes de esperança e realização, lembrando-nos de que, mesmo diante das maiores adversidades, o amor é a força que nos sustenta e nos impulsiona a seguir em frente, abraçando o futuro com confiança e gratidão.

Cartão de Amor e Esperança

Este cartão é um lembrete do poder transformador do amor, que renasce mesmo nas circunstâncias mais difíceis e nos guia com sua luz.

"Tudo sofre, tudo crê, tudo espera, tudo suporta. O amor nunca falha."
— 1 Coríntios 13:7-8

Oração de Amor e Renovação

"Senhor, em Tua infinita bondade, permite que o amor continue a guiar meus passos. Que, mesmo nas dificuldades, eu possa sempre sentir Tua presença amorosa e encontrar forças para renascer a cada novo dia. Que o legado de amor de quem partiu se transforme em uma luz que nos ilumina e nos inspira a amar mais profundamente. Amém."

Mensagem para Guardar

"Lembre-se sempre de que o amor é uma força eterna que transcende a dor e as dificuldades. Ele nos dá força para continuar, ilumina nosso caminho, e nos mostra que, mesmo após a maior das perdas, sempre há espaço para um novo começo e para a esperança florescer."

Dia 23 de novembro de 2023.

Meu filho,

Tenho encontrado uma nova forma de enxergar o amor que você deixou em nossas vidas. Vera, nossa pequena luz, cresce a cada dia com um brilho que só ela possui. Ela tem os seus olhos, a sua curiosidade, o seu carisma, a sua vontade de explorar o mundo. E, mesmo tão pequena, é uma força que nos ensina a amar de novo, a encontrar alegria nas pequenas coisas.

Meu filho, você vive em cada abraço que damos, em cada história que contamos.

Te amamos!

Sua mãe.

CAPÍTULO 6

ENCONTROS DE FÉ

À medida que Vera crescia sob os cuidados amorosos de sua mãe, Simone, nossa família encontrava cada vez mais conforto e orientação na fé. Os ensinamentos de Jesus Cristo passaram a moldar a maneira como enfrentávamos cada novo desafio, como entendíamos a perda de Lucas e como reconstruíamos nossas vidas após essa tempestade devastadora.

Nas noites de quinta-feira, começamos a frequentar regularmente a igreja como uma família unida. Era um momento sagrado para nós, uma hora semanal dedicada a refletir, agradecer e buscar uma força maior do que a nossa. A igreja tornou-se não apenas um lugar de adoração, mas também um espaço de comunidade onde encontrávamos outras pessoas que, assim como nós, buscavam compreender seus sofrimentos por meio da fé.

Durante esses serviços, as mensagens sobre perdão, resiliência e esperança ecoavam profundamente em nossos corações. Os sermões nos lembravam de que, mesmo nos momentos mais sombrios, não estávamos sozinhos. A presença de Deus era constante, oferecendo conforto e orientação, um porto seguro em meio à incerteza.

Além dos cultos regulares, me envolvi em um grupo de estudo bíblico que se reunia todas as sextas-feiras pela manhã. Esse grupo se tornou parte crucial do meu processo de cura. Juntas, explorávamos as Escrituras, buscando compreender como os ensinamentos de Cristo poderiam ser aplicados em nossas vidas, especialmente em tempos de crise. As discussões eram profundas e íntimas, permitindo que compartilhássemos nossas lutas e nossas pequenas vitórias. Essas mulheres se tornaram não apenas minhas companheiras de estudo, mas também minhas confidentes, cada uma de nós encontrando força na fé e no apoio mútuo.

Simone, por outro lado, ainda não encontrou um grupo de apoio específico, pois sua dor ainda é muito recente e profunda. No entanto, ela tem feito terapia e tem se dedicado a encontrar maneiras de atravessar essa tempestade. Vem lendo bastante, faz caminhadas diárias e pratica yoga. Muitas vezes a vejo triste, com um olhar perdido, mas logo Vera chega com sua energia contagiante para nos animar e nos encorajar a seguir em frente. A principal preocupação de Simone é criar Vera sem a presença do Lucas. Ela entende que precisa se fortalecer fisicamente e emocionalmente, e está fazendo o que pode, um passo de cada vez.

Para Vera, integramos histórias bíblicas em nossa rotina diária. Contar-lhe sobre personagens que enfrentaram grandes desafios e foram sustentados pela fé ajudava a plantar sementes de esperança resiliente em seu jovem coração. É emocionante ver sua curiosidade sobre Deus crescer com cada história, cada oração compartilhada ao lado de sua cama.

Esse capítulo de nossas vidas, marcado pelo reencontro com a fé, nos mostrou como os ensinamentos de Jesus podem oferecer não apenas consolo, mas também caminhos práticos para lidar com o luto e a perda. A comunidade que encontramos na igreja, as práticas de fé que adotamos e o apoio que recebemos uns dos outros foram fundamentais na reconstrução de nossas vidas após a perda de Lucas. A fé nos ensinou que, mesmo quando perdemos alguém que amamos profundamente, nunca estamos caminhando sozinhos; estamos sempre acompanhados pela graça divina, guiados por uma luz maior que qualquer escuridão que possamos enfrentar.

Hebreus 11:1 nos lembra de que "A fé é a certeza de coisas que se esperam, a convicção de fatos que se não veem." Esse versículo encapsula a essência do que significa ter fé: uma confiança inabalável no invisível, uma crença firme nos pilares da esperança que não podem ser abalados pelas tempestades da vida.

Um encontro especial marcou minha fé de forma profunda. Era dia 11 de outubro de 2023, um dia aparentemente comum de trabalho. Durante uma pausa, encontrei uma senhora que entrega produtos em meu local de trabalho. Ela sempre foi cordial, e nossas interações se limitavam a breves saudações e formalidades. Naquele dia, algo em seu olhar chamou minha atenção. Parei por um momento, meu coração me pedindo para voltar e falar com ela. Perguntei se estava tudo bem. Seus olhos encheram de lágrimas e, em seguida, ela começou a chorar.

Ela compartilhou que seu filho havia falecido três dias antes. Em um gesto instintivo, eu a abracei e, juntas, começamos a chorar. Falei que entendia sua dor, pois também havia perdido um filho. Desde então, três vezes por semana nos encontramos, nos abraçamos, conversamos e lemos um Salmo. Para mim, ela se tornou uma fonte de inspiração. Aos 65 anos, após a perda do filho, ela segue trabalhando duro, cuidando do neto de sete anos que também perdeu os pais. A história dela é de perda, sacrifício e luta, mas também de amor, agradecimento e da presença constante de Deus em sua vida. Hoje, pela manhã, ela me contou que o filho faria aniversário em 22 de outubro, e olhei para ela e disse que Lucas faria aniversário no dia 23. Não era coincidência; era Deus nos colocando juntas para nos apoiarmos nessa caminhada tão difícil.

Todo mundo conhece a definição de luto, mas só quem passa por isso realmente compreende o impacto. É muito mais do que uma tristeza imensa — é uma reviravolta completa na vida. É como se o corpo estivesse no automático, enquanto a mente se arrasta, parcialmente inconsciente sobre tudo ao redor. Eu sigo minhas rotinas, mas muitas vezes não me lembro de grande parte do meu dia. Quando percebo, já estou de volta à rotina, recomeçando.

Durante esse piloto automático, percebi o que realmente importa. Raiva, frustração e dramas do cotidiano já não fazem parte do meu vocabulário. A vida é curta demais para desperdiçar energia com coisas pequenas. Aprendi a deixar ir, a priorizar o que realmente importa.

Entendi que a dor nunca vai embora; ela será minha companheira para sempre. Minha vida nunca voltará a ser como era, mas posso seguir em frente e criar um novo normal. Minha nova amiga, que compartilha comigo sua dor, também está fazendo o melhor que pode. Juntas, estamos lutando, um dia de cada vez, encontrando consolo nas palavras da Escritura. Hoje, ela leu para mim o mesmo Salmo que meu marido me enviou por mensagem. Deus é bom o tempo todo: "Ouve, ó Deus, a minha oração! Escuta as minhas palavras."

Nosso abraço é mais do que um simples gesto. É uma troca de conforto, uma afirmação de que, apesar de tudo, não estamos sozinhas. A fé em ação nos sustenta, consola e cura.

Este capítulo é uma homenagem àquela fé indomável que, dia após dia, nos permite levantar e enfrentar o mundo, não sozinhos, mas acompanhados e fortalecidos pela presença constante de Deus em nossas vidas.

Que os encontros de fé e espiritualidade que vivenciamos após a perda de Lucas sejam testemunhos vivos do poder transformador da presença divina em nossas vidas. Cada passo dado em direção à luz da esperança, cada oração compartilhada, cada gesto de solidariedade e compaixão que recebemos e oferecemos são expressões tangíveis do amor de Deus que nos envolve e nos sustenta, mesmo nos momentos mais obscuros.

Convido você a refletir sobre a jornada de fé e renascimento que trilhamos juntos, encontrando conforto e inspiração na certeza de que não caminhamos sozinhos, mas sob a graça e a proteção divina que nos guiam e fortalecem. Que a chama da esperança que arde em nossos corações seja um sinal luminoso de que, mesmo nas sombras da perda e da dor, a luz da fé brilha eternamente, iluminando nosso caminho e nos conduzindo a um futuro de paz, amor e plenitude.

Cartão de Fé e Esperança

Guarde este cartão como um lembrete da força da fé e da presença constante de Deus em sua vida.

"A fé é a certeza de coisas que se esperam, a convicção de fatos que se não veem."
— Hebreus 11:1

Oração de Consolação e Fé

"Senhor, em meio à escuridão e à dor, ajuda-me a encontrar a luz da fé que nunca se apaga. Que eu possa sentir Tua presença em cada passo, em cada decisão e em cada momento de fraqueza. Dá-me a força para confiar em Teus caminhos e a coragem para seguir em frente, sabendo que nunca estou sozinho. Amém."

Mensagem para Guardar

"A fé é o farol que nos guia nas noites mais escuras, uma chama que brilha eternamente, mesmo quando não conseguimos enxergar o caminho à frente. Que você sempre encontre conforto e força na certeza de que Deus caminha ao seu lado, sustentando-o e guiando-o em todas as circunstâncias."

Dia 08 de novembro de 2023.

Meu menino,

Nestes tempos de busca e reflexão, a fé tem se tornado o pilar que nos mantém de pé. Sentimos a presença de Cristo nos guiando, nos sustentando, mesmo quando o caminho é escuro e a saudade parece insuportável.

Eu me encontrei em um grupo de estudos bíblicos, onde partilhamos nossas dores e nossas esperanças. É como se, a cada conversa, eu te sentisse mais perto, como se a fé me permitisse entender um pouco mais o mistério de sua partida. Sei que você também encontrou conforto na fé nos seus últimos dias, e isso me dá paz. Saber que você se sentiu acolhido por Jesus me conforta.

Oro por você todos os dias, meu amor!

Com fé e saudade,
sua Mãe.
♡

CAPÍTULO 7

MOMENTOS DE REFLEXÃO E PAZ

Perder um filho nos coloca em um luto eterno. Tentamos viver, parecemos normais, fazemos o que precisa ser feito no dia a dia, mas dentro de nós existe uma ferida incurável, invisível e que sangra todos os dias.

A dor da perda é ativada em várias situações, em qualquer lugar, a qualquer momento. Uma música, uma foto, um prato preferido, um lugar específico — qualquer lembrança faz essa ferida sangrar. E o que podemos fazer diante disso? Sentir. Deixar rolar o choro, permitir a tristeza se expressar, ou chamar um bom amigo para compartilhar um pouco da dor enquanto o coração se desespera.

Muitas vezes, me pego chorando no carro, no trabalho, numa loja, assistindo a um filme ou ouvindo uma palestra. Escuto Jordan Peterson, Timothy Keller, Olavo de Carvalho, Pastor Joby e muitos outros na tentativa de entender e melhorar meu dia. Depois que perdi meu filho, entendi que vivemos numa sociedade que não compreende muito bem o processo do luto. As pessoas tratam como algo intocável, temendo mencionar o assunto para não nos deixar mais tristes, ou acreditam que o luto é algo que, com o tempo, será curado como uma doença qualquer. Mas não é nenhum dos dois. Não sofremos ao falar sobre quem perdemos; sofremos pela falta que ele faz em nossas vidas. Sofremos pela ausência.

Nunca nos recuperaremos da perda. A dor mais aguda pode diminuir, mas a ausência e a falta, jamais. Dói tanto que, por vezes, nos afastamos de tudo e de todos. E apenas os amigos verdadeiros permanecem, dispostos a nos ouvir mesmo quando as palavras parecem inúteis.

Não compreendia a dimensão do luto até o momento em que o experimentei. Mesmo assim, percebo que as perdas são diferentes, assim como as experiências de vida e de relacionamento. Eu sofro e choro todos os dias. Meu filho fazia parte de todos os aspectos da minha vida; não há quase nada que eu faça que não traga à tona alguma lembrança dele.

Talvez seja possível educar o mundo por meio do nosso sofrimento. Não sei. Algumas pessoas dizem: "Você vai superar isso" ou perguntam "Quando você vai voltar a ser como antes?" A resposta é simples e dura: nunca. Nunca mais serei a mesma pessoa. Sei que ainda vou experimentar momentos de alegria, mas nunca serei exatamente quem fui. A perda nos transforma para sempre.

Hoje, não tenho mais vergonha de reconhecer meus momentos de dor. Esses momentos acontecem sem que eu os procure. É um gotejamento diário, uma inundação emocional que se faz presente. Nenhum de nós está a salvo da dor. Embora todos tenhamos algum conhecimento prévio sobre a vida, nada nos prepara para perder um filho. O luto, por mais devastador que seja, é compreensível, faz parte do processo chamado "vida". A dor se ameniza quando nos entregamos a Deus e à promessa de um reencontro. Estou reaprendendo a viver, mesmo que às vezes pareça caminhar nas sombras de um adeus que nunca pude dar.

À medida que nos aprofundamos em nossa jornada de cura, a presença de Jesus Cristo em nossas vidas tornava-se cada vez mais significativa. Ele não era apenas uma figura de adoração, mas o núcleo de nossa força, um companheiro constante nos momentos mais sombrios e desafiadores. Em cada passo, em cada nova onda de saudade por Lucas, voltávamos nossa atenção para os ensinamentos e conforto que Jesus nos oferecia.

Durante esse período de intensa dor, as histórias de Jesus — sua compaixão, suas lutas, e sua promessa de renovação — ressoavam de maneira especial conosco. Suas palavras nos Evangelhos falam diretamente aos nossos corações quebrados, oferecendo uma bússola moral e emocional. "Vinde a mim, todos os que estais cansados e oprimidos, e eu vos aliviarei" (Mateus 11:28). Essas palavras tornaram-se um convite diário para encontrarmos descanso e paz nos momentos de maior desespero.

Compreendemos que, assim como Jesus enfrentou grandes sofrimentos e foi capaz de perdoar e amar incondicionalmente, também poderíamos encontrar forças para perdoar. Precisávamos perdoar as circunstâncias da morte de Lucas, perdoar a nós mesmos por quaisquer sentimentos de culpa ou raiva, e até perdoar a distância que cresceu entre outros membros da família durante esse período.

Os momentos de oração tornaram-se mais intensos e frequentes. Nossa casa frequentemente era preenchida com as suaves melodias de hinos que louvavam a Sua presença e agradeciam pela força que continuamente nos era concedida. Nas noites de maior solidão, quando a ausência de Lucas era mais sentida, encontrávamos consolo nas passagens bíblicas que falam de esperança e de um futuro sem dor nem sofrimento. "Ele enxugará de seus olhos toda lágrima; e não haverá mais morte, nem pranto, nem clamor, nem dor; porque as primeiras coisas são passadas" (Apocalipse 21:4). Essa promessa de um novo começo, de um reencontro em uma existência sem sofrimentos, acalentava nossos corações e alimentava nossa esperança.

Além disso, a participação ativa na vida da igreja nos manteve conectados não apenas com nossa fé, mas também com uma comunidade que compartilhava de nossos valores e de nossa dor. Essa conexão comunitária reforçava a ideia de que não estávamos sozinhos em nosso sofrimento — que, assim como Cristo compartilhou Suas dores com Seus discípulos, nós também poderíamos compartilhar as nossas com aqueles que caminhavam conosco.

Três meses após a morte do meu filho, em um dia de chuva, após uma jornada exaustiva no trabalho, me encontrei sozinha no estacionamento de uma praia deserta, perdida em lágrimas e desespero. A dor pesava tanto que me senti consumida pela ideia de acabar com tudo. Nesse momento de vulnerabilidade, senti que a solidão era minha única companhia.

No entanto, o destino, movido por mãos invisíveis, tinha outros planos. Dois policiais se aproximaram do meu carro, interrompendo a tempestade de tristeza que me envolvia. Um deles, ao perguntar o que eu fazia, recebeu minha confissão entre lágrimas: "Estou chorando a morte do meu filho". Inicialmente marcada por formalidades, a interação se transformou quando eles começaram a me seguir.

Tentei despistá-los, parando em um mercado, mas, ao olhar pelo retrovisor, percebi que não estava tão sozinha quanto pensava. Quando finalmente cheguei em casa, um dos policiais compartilhou sua própria história de perda e medo de que eu pudesse seguir o mesmo caminho trágico de seu irmão. Ele me disse: "Deus está com você, nunca se esqueça disso." Suas palavras não foram apenas um conforto, mas uma revelação. No momento em que me sentia mais abandonada, Deus manifestou Sua presença por meio da preocupação e cuidado de um estranho.

Aquele encontro foi um divisor de águas, um momento em que a presença divina se tornou palpável e transformou meu desespero em esperança. Foi um lembrete de que, mesmo nos instantes mais sombrios, o amor de Deus está trabalhando silenciosamente, trazendo luz para nossos caminhos mais obscuros.

Este capítulo de nossas vidas destacou o papel transformador que Jesus Cristo pode desempenhar em momentos de profunda tristeza. Por intermédio de Sua mensagem de amor, perdão e renovação, encontramos não apenas a força para continuar, mas também a capacidade de ver além da dor, em direção a uma existência em que o amor e a paz são eternos. Por tudo isso, nossa gratidão a Ele permanece inabalável, sustentando nossa jornada diária e iluminando nosso caminho à frente.

Que os momentos de profunda reflexão sobre a vida nos conduzam a um entendimento mais profundo do amor incondicional e da graça redentora de Jesus Cristo, que nos convida a lançar sobre Ele nossas cargas e encontrar descanso para nossas almas atribuladas. Em meio às incertezas e aos desafios da existência terrena, Sua presença constante e Seu exemplo de compaixão e perdão nos inspiram a seguir adiante com coragem e esperança, confiantes na promessa de um amanhã mais luminoso.

Convido você a contemplar o poder transformador da mensagem de amor e reconciliação que Jesus Cristo nos legou, encontrando n'Ele a fonte inesgotável de esperança e renovação. Que a gratidão por Sua presença constante em nossas vidas nos fortaleça e inspire a viver cada dia com propósito e significado, celebrando a dádiva da vida e compartilhando o amor que recebemos com todos aqueles que cruzam nosso caminho. Que a luz da fé e da esperança nos guie rumo a um futuro repleto de paz, alegria e plenitude, onde o amor de Cristo seja nossa luz e nossa força.

Embora eu esteja tentando encontrar significado na experiência de amor e perda, como muitos de nós, eu queria que a vida fosse diferente, que eu pudesse ter as coisas do jeito que desejava. Mas, infelizmente, não é assim que a vida acontece. No entanto, lembro-me de que, mesmo diante da impermanência e da perda, temos escolhas sobre como responder. O luto é uma resposta normal à perda de alguém que amamos profundamente.

Às vezes, o luto parece avassalador, uma tristeza que preenche todos os espaços. Em outros momentos, ele surge inesperadamente, nos pegando de surpresa. Podemos perceber que nossas respostas ao luto mudam rápida e frequentemente.

Em meio ao fluxo e refluxo da tristeza, muitas tradições espirituais ensinam o conceito central do amor: considerar todas as pessoas com uma bondade amorosa e compaixão. Talvez a maior continuidade seja o amor — amor e autocompaixão por nós mesmos e nosso próprio sofrimento, amor por aqueles em nossas esferas e comunidades pessoais e a possibilidade de estender a bondade amorosa àqueles por todo este mundo lindo e quebrado.

Cartão de Reflexão e Paz

Guarde este cartão como um lembrete da presença constante de Jesus Cristo em sua vida e do poder da fé para transformar até os momentos mais sombrios em caminhos de luz e esperança.

"Vinde a mim, todos os que estais cansados e oprimidos, e eu vos aliviarei."
— Mateus 11:28

Oração de Consolo e Esperança

"Senhor Jesus, em Teus braços de amor, entrego toda a minha dor e desespero. Dá-me a graça de encontrar consolo em Tua presença constante e de sentir a paz que só Tu podes proporcionar. Que eu possa sempre lembrar que, mesmo nos meus momentos mais sombrios, Tu estás ao meu lado, sustentando-me e guiando-me com Teu amor infinito. Amém."

Mensagem para Guardar

"Mesmo nos momentos de maior dor e sofrimento, a presença de Jesus Cristo nos oferece conforto e paz. Que você encontre Nele a força para continuar e a esperança de um futuro melhor, sabendo que, em cada passo, Ele caminha ao seu lado, carregando suas preocupações e trazendo luz para seu caminho."

Dia 01 de janeiro de 2024.

Filho,

O luto tem me ensinado que há momentos em que precisamos parar, respirar e simplesmente refletir. As vezes, sinto que minha dor é tão grande quanto o oceano, e outras vezes ela parece um murmúrio distante. Mas em todos esses momentos, busco encontrar paz, lembrar do seu sorriso, das suas palavras de carinho, das lições que me ensinou.

Eu sei que você está conosco, Lucas, de uma maneira que vai além do que podemos ver ou tocar. Você vive em meu coração e sempre viverá.

E, nesses momentos de reflexão, sinto uma paz que só o amor pode trazer.

Com meu amor,

Sua Mãe
♡

CAPÍTULO 8

A FORÇA DA COMUNIDADE

À medida que seguimos nossa jornada de cura após a perda de Lucas, descobrimos que o suporte não vinha apenas de dentro de casa, mas também de uma comunidade mais ampla que se estendia além das paredes do nosso lar. Este capítulo destaca o poder transformador dessa comunidade, incluindo o apoio profissional de terapeutas, a solidariedade encontrada em grupos de apoio e uma mudança espiritual profunda que culminou no meu batismo.

Após a perda de Lucas, procurei a ajuda de uma terapeuta para navegar pelas complexidades do meu luto. Encontrar uma profissional com a qual eu pudesse falar abertamente sobre minha dor, culpa e confusão foi um passo crucial em minha recuperação. Ela me ofereceu não apenas uma perspectiva externa, mas também estratégias para lidar com a dor de maneiras saudáveis e produtivas. As sessões eram como faróis em noites de tempestade, guiando-me através das águas turbulentas do luto e ajudando-me a entender que meus sentimentos eram normais e válidos.

Além do suporte individual, os grupos de apoio forneceram uma rede de solidariedade e compreensão. Na igreja, participei de grupos que reuniam pessoas que haviam enfrentado perdas semelhantes. Compartilhar nossas histórias e ouvir as dos outros criou um espaço de empatia e cura coletiva. Não estávamos sozinhos em nossa dor; estávamos todos caminhando juntos, cada um carregando sua cruz, mas todos apoiados pela fé e pela comunidade.

No trabalho, a compreensão e o apoio dos colegas também se mostraram fundamentais. Eles não apenas respeitaram meu processo de luto, como também se envolveram ativamente em proporcionar um ambiente onde eu pudesse me sentir segura e apoiada. A empatia que demonstraram, oferecendo ouvir quando necessário ou dando espaço quando preciso, foi uma bênção inestimável que facilitou meu retorno gradual às atividades profissionais.

Minha jornada espiritual também tomou um novo rumo. Apesar de ter seguido a doutrina espírita por anos, comecei a sentir um chamado diferente em meu coração, algo que me puxava para mais perto de Deus e dos ensinamentos de Cristo. A dor e a perda abriram meus olhos para a necessidade de uma conexão mais profunda com Deus, e isso me levou ao batismo na igreja Eleven22 no dia 11 de fevereiro. Esse dia marcou não apenas uma renovação de fé, mas também uma aceitação profunda do amor e da salvação que só Deus pode oferecer. Foi um renascimento em muitos sentidos, deixando para trás as velhas formas de entender o mundo e abraçando um novo caminho iluminado pela graça divina.

O batismo foi um momento de celebração não apenas para mim, mas para toda a nossa família e amigos que testemunharam minha declaração de fé. Foi um símbolo poderoso de minha transformação e um testemunho público do papel fundamental que Deus agora desempenhava em minha vida. Ao emergir das águas, senti como se todo o peso de minha dor e angústia fosse levado embora, e eu pudesse respirar um ar de esperança renovada.

Este capítulo reflete sobre como, em momentos de profundo desespero, a força pode ser encontrada em uma comunidade de apoio — seja por meio de ajuda profissional, grupos de apoio ou uma comunidade de fé. Cada elemento dessa rede comunitária desempenhou um papel vital em sustentar e guiar nossa família frente aos momentos mais sombrios, mostrando que mesmo nos períodos mais difíceis, nunca estamos verdadeiramente sozinhos.

Nos dias após o batismo, percebi como a conexão com a comunidade se tornava ainda mais essencial. Recebíamos visitas regulares de irmãos da igreja, que vinham compartilhar orações e momentos de reflexão. Esses encontros não eram apenas para me consolar, mas para nos fortalecer mutuamente, criando laços profundos que nos lembravam que Deus nos unia em amor e fé. Nossas conversas eram preenchidas por um sentimento de compreensão silenciosa, pois todos nós, de alguma forma, conhecíamos a luta contra o luto, a batalha contra a escuridão da dor.

Os grupos de estudo bíblico que comecei a frequentar também se tornaram uma âncora. Esses encontros semanais eram oportunidades de mergulhar mais profundamente nos ensinamentos de Cristo, aplicando Seus princípios à nossa vida cotidiana, especialmente em tempos de crise. Ler sobre a vida dos apóstolos, sobre suas perdas, dúvidas e esperanças, fez-me sentir que não estava sozinha, mas sim seguindo uma trilha de fé que muitos haviam percorrido antes de mim.

O batismo foi um ponto de virada, mas também um lembrete de que o verdadeiro trabalho de transformação estava apenas começando. Precisava aprender a perdoar, tanto a mim mesma quanto as circunstâncias que levaram à perda de Lucas. Aprendi que Deus nos chama a deixar de lado os fardos pesados, as mágoas e os arrependimentos, para que possamos trilhar um caminho de paz e renovação. Essa jornada de perdoar não foi fácil; houve dias em que me sentia como se estivesse recuando em vez de avançar. Mas, no fundo, sabia que Deus estava comigo em cada passo, segurando-me pela mão quando o peso do luto ameaçava me derrubar.

Que o batismo, como um marco de renovação espiritual e compromisso com a fé, continue a ser uma fonte de inspiração e fortalecimento em nossa jornada de cura e transformação. Que a presença de Deus em nossas vidas, simbolizada por esse momento de celebração e renascimento, nos guie e nos sustente, fortalecendo nossa fé e renovando nossa esperança em um futuro de paz e plenitude.

Convido você a refletir sobre o poder transformador da comunidade de fé e apoio que nos cercou durante os momentos mais desafiadores de nossas vidas. Que a lembrança do apoio incondicional e da solidariedade manifestados por aqueles que estiveram ao nosso lado nos inspire a sermos fontes de conforto e compaixão para outros que enfrentam suas próprias batalhas. Que a rede de amor e suporte que nos sustentou nos lembre de que, mesmo nos períodos mais sombrios, a luz da esperança brilha através da união e do cuidado mútuo. Que a fé, a comunidade e o amor sejam nossos guias na jornada de cura e renovação, conduzindo-nos a um futuro de paz e alegria em Cristo.

"O Senhor é bom, um refúgio em tempos de angústia. Ele protege os que nele confiam." (Naum 1:7)

Essa passagem transmite a ideia de que, mesmo em meio à angústia e ao luto, podemos encontrar refúgio e proteção na presença amorosa de Deus. Ela ressalta a importância da confiança em Deus como um alicerce seguro para enfrentar os desafios da vida e encontrar consolo e esperança em meio às dificuldades. A fé e a comunidade de apoio são fundamentais para superar o luto e encontrar renovação espiritual.

Que possamos sempre lembrar da importância de estarmos presentes uns para os outros, não apenas nos momentos de celebração, mas também nos dias de lágrimas e dor. Assim como fomos sustentados pela nossa comunidade, que possamos também ser sustentáculos para aqueles ao nosso redor, vivendo o amor que Cristo nos ensinou e levando adiante a luz da esperança em cada abraço, cada palavra de encorajamento e cada oração compartilhada.

Cartão de Conforto e União

Guarde este cartão como um lembrete do poder da comunidade e do amor de Deus em sua vida.

"Onde dois ou três estiverem reunidos em meu nome, ali estou no meio deles."

— Mateus 18:20

Oração de Comunhão e Força

"Senhor, em Tua infinita bondade, agradeço por todas as pessoas que colocaste em meu caminho, que me apoiaram e me ajudaram a atravessar os momentos mais difíceis. Que eu sempre me lembre da força que existe na comunidade, no amor compartilhado, e na fé que nos une. Que eu possa ser uma luz para os outros, assim como eles têm sido para mim. Amém."

Mensagem para Guardar

"Em cada sorriso, em cada gesto de carinho, em cada palavra de apoio, encontramos a manifestação do amor de Deus. Que você sempre sinta a presença confortadora de uma comunidade amorosa ao seu redor, sabendo que nunca está sozinho e que, juntos, podemos encontrar força para enfrentar qualquer adversidade."

Dia 12 de fevereiro de 2024.

Filhote,

    Nunca imaginei o quanto a comunidade ao nosso redor poderia ser uma fonte tão profunda de apoio e consolo. Desde que você partiu, tenho encontrado tantas pessoas que, de maneiras inesperadas, compartilham essa dor. Não estamos sozinhos.

    Sua partida trouxe uma mudança em mim. Sinto uma necessidade crescente de ajudar outros que estão enfrentando sua própria dor. Eu vejo você em cada rosto, em cada história, e isso me impulsiona a ser uma fonte de conforto para os outros, assim como você foi para mim durante toda a sua vida.

    Estamos todos conectados, Lucas, através de nossos corações quebrados.

Com saudade,
Sua mãe

CAPÍTULO 9

APRENDENDO A VIVER COM A LEMBRANÇA

A jornada para aceitar a perda de Lucas e aprender a conviver com sua lembrança foi uma das mais desafiadoras que enfrentamos. Cada canto de nossa casa, cada objeto que ele tocou, cada foto pendurada nas paredes servia como um lembrete constante de sua ausência física, mas também da vida vibrante que ele viveu entre nós.

Ver as fotos de Lucas espalhadas pela casa, inicialmente, trazia uma dor aguda, quase insuportável. Suas risadas, gravadas em vídeos antigos, ecoavam pela sala, enchendo o ambiente com uma alegria que não podíamos mais tocar. Lembrar de suas brincadeiras, especialmente quando ele zombava carinhosamente de mim por não querer sair porque meu cabelo estava molhado, trazia uma mistura de lágrimas e sorrisos. Essas memórias, tão doces e ainda tão dolorosas, foram as chaves que começaram a desbloquear o processo de aceitação.

Lucas era um engenheiro civil dedicado, admirado por sua determinação e inteligência. Ele colocava sua alma em cada projeto, tratando cada desafio como uma oportunidade para melhorar e inovar. Relembrar sua paixão pela carreira e como ele se esforçava para fazer a diferença no mundo nos ajudou a perceber que sua influência continuava, que seu legado era duradouro.

Ele também era profundamente amoroso com sua família e amigos, sempre pronto para oferecer ajuda ou um ombro amigo. As histórias de como ele ajudava os amigos em momentos de necessidade eram inúmeras, e cada relato desses reforçava a ideia de que, embora Lucas não tenha conseguido salvar a si mesmo, seu amor e bondade deixaram marcas indeléveis nas vidas de muitos.

Para honrar sua memória e lidar com a dor, começamos a implementar algumas estratégias. Primeiro, decidimos que era importante continuar falando sobre Lucas, não apenas em dias de luto, mas como parte de nossa conversa diária. Isso incluía compartilhar histórias sobre ele durante os jantares, celebrar suas conquistas e, ocasionalmente, permitir que as lágrimas fluíssem quando a saudade apertasse.

Transformamos uma parte de nossa casa em um pequeno memorial, onde suas fotos, prêmios e alguns itens pessoais poderiam ser exibidos. Isso não apenas nos permitiu sentir sua presença de uma maneira organizada e respeitosa, mas também deu a amigos e familiares um lugar para lembrar e conectar-se com ele.

A aceitação veio gradualmente, com a compreensão de que Lucas, mesmo não estando mais fisicamente conosco, ainda vivia em cada lembrança, cada história compartilhada, cada projeto que ele iniciou. Aprender a viver com sua lembrança significou encontrar um equilíbrio entre o luto e a celebração, entre a dor e a gratidão pelo tempo que tivemos juntos. Cada passo nesse processo nos ajudou a ver que, embora a perda seja uma parte da vida, as memórias que criamos com aqueles que amamos são eternas e continuam a moldar e enriquecer nossas vidas, mesmo na ausência física.

Em Lamentações 3:21-23, encontramos um poderoso lembrete: "Quero trazer à memória o que me pode dar esperança. As misericórdias do Senhor são a causa de não sermos consumidos, porque as suas misericórdias não têm fim; renovam-se cada manhã. Grande é a tua fidelidade."

Esses versículos capturam uma verdade profunda sobre o luto e a memória. No turbilhão da perda, às vezes nos encontramos envoltos em um manto de tristeza e esquecemos das muitas bênçãos que ainda possuímos. Mas ao lembrar conscientemente das misericórdias de Deus, que se renovam a cada amanhecer, somos convidados a ver a vida não como uma série de perdas, mas como um espaço contínuo de renovação e esperança.

Minha própria jornada com a lembrança tem sido uma de aprendizado e redescoberta. Recordar não precisa ser um ato que alimenta a dor; pode ser uma celebração daquilo que foi amado e ainda é valorizado. Na presença de Deus, aprender a viver com as lembranças é aprender a transformar a dor em um testemunho da Sua fidelidade inabalável. Cada lembrança, então, não me puxa para trás, mas me impulsiona para frente, sustentada pela certeza de que Deus está comigo em cada passo.

Viver a vida em Deus me ensinou que a superação da dor não implica esquecer quem perdemos, mas sim integrar essa perda em uma nova narrativa de vida, uma narrativa que abraça tanto o amor quanto a perda, e ainda assim se mantém firme na esperança. Deus nos convida a recordar não só o que perdemos, mas também as incontáveis maneiras pelas quais Sua presença tem sustentado, curado e guiado ao longo dos tempos mais sombrios.

As lembranças podem ser uma fonte de cura e renovação quando vistas através da lente da fé. Aprender a viver com a lembrança de Lucas foi aprender a carregar sua memória de forma leve, mas significativa. Hoje, ainda sentimos sua falta, mas também encontramos alegria em cada riso que ecoa dos vídeos antigos, em cada pequena coisa que nos lembra de sua presença.

Quando vejo minha neta Vera correndo pela casa, com o mesmo brilho nos olhos que Lucas tinha, percebo que sua memória está viva, não apenas nos objetos que ele deixou, mas nos gestos, nos sorrisos e no amor que ainda compartilhamos em seu nome. Essa percepção traz uma paz que, embora não cure a ferida por completo, a torna mais suportável. Cada vez que compartilho uma história sobre ele, ou quando vejo a Vera fazer algo que sei que teria o encantado, é como se eu estivesse compartilhando um pedacinho dele com o mundo novamente.

Que o aprendizado de viver com as lembranças seja um testemunho da capacidade transformadora da fé e da presença amorosa de Deus em nossas vidas. Ao recordarmos aqueles que perdemos, não apenas revivemos o amor que compartilhamos, mas também reconhecemos a presença divina que nos sustentou e guiou em meio às sombras da dor. Cada lembrança se torna um elo precioso entre o passado e o presente, uma ponte que nos conecta à esperança e ao amor eterno que transcende a própria morte.

Convido você a abraçar as lembranças como testemunhas do amor que perdura para além do tempo e do espaço, e como lembretes da presença constante e consoladora de Deus em nossa jornada. Que cada memória seja uma oportunidade de cura e renovação, um lembrete de que, mesmo na ausência física, aqueles que amamos permanecem vivos em nossos corações e em nossa fé. Que a esperança, a gratidão e a lembrança dos momentos compartilhados nos inspirem a viver cada dia com propósito e significado, celebrando a vida e honrando o legado daqueles que amamos.

Assim, a memória de Lucas não é apenas um reflexo do passado, mas um alicerce sobre o qual construímos nosso presente e futuro. A saudade se torna uma saudade doce, uma presença espiritual que nos guia e nos lembra do que realmente importa: amar profundamente, viver com gratidão e nunca esquecer de que as misericórdias de Deus se renovam a cada manhã, mesmo em meio ao luto.

Cartão de Memória e Esperança

Guarde este cartão como um lembrete de que as lembranças de quem amamos são um tesouro eterno, preservado pela fé e pelo amor de Deus.

"Quero trazer à memória o que me pode dar esperança. As misericórdias do Senhor são a causa de não sermos consumidos, porque as suas misericórdias não têm fim; renovam-se cada manhã."
— Lamentações 3:21-23

Oração de Renovação e Memória

"Senhor, nas lembranças que guardo dos que partiram, encontro tanto dor quanto amor. Que eu possa ver, em cada memória, uma oportunidade de cura e crescimento. Que eu encontre força em Teu amor, esperança em Tua promessa e paz em Tua presença. Que a lembrança daqueles que amo seja sempre um farol de luz, guiando-me para mais perto de Ti. Amém."

Mensagem para Guardar

"Cada memória de amor que guardamos é um reflexo do amor eterno de Deus por nós. Que você sempre encontre consolo nas lembranças dos que partiram e força para seguir em frente, sabendo que, na fé, eles vivem para sempre em nossos corações e em nossa esperança."

Dia 08 de março de 2024
(meu aniversário e o aniversário da sua filha Vera)

Filho,
Viver sem você tem sido uma das tarefas mais difíceis que enfrentei, mas a cada dia aprendo um pouco mais sobre como conviver com suas lembranças. Aprendi que não posso apagar a dor, mas posso aprender ~~aprender~~ a dançar com ela.
Estou aqui escrevendo e chorando, como dói. Daqui a pouco vamos encontrar a Vera para celebrarmos nosso aniversário, sem você aqui.

Vou continuar vivendo com sua lembrança, até o dia em que possamos nos encontrar. A Vera está cada dia mais parecida com você.

Com ternura,
Sua mãe ♥

CAPÍTULO 10

A ARTE DE RESSIGNIFICAR

A ressignificação da dor em um propósito maior tornou-se um aspecto crucial de minha jornada pessoal após a morte do Lucas. A perda imensurável que sentia parecia, muitas vezes, me arrastar para um abismo de desespero, onde a saída era inimaginável. No entanto, um evento inesperado ajudou a mudar minha perspectiva e me mostrou que, mesmo nos momentos mais sombrios, há sinais de esperança e novos significados a serem descobertos.

Em um dia particularmente difícil, quando a saudade do meu filho se tornou insuportável, procurei refúgio na tranquilidade da praia perto do meu trabalho. Meu chefe, percebendo minha necessidade de um momento para recolher meus pensamentos, prontamente me permitiu o espaço necessário e me deixou ir embora. Enquanto descia pelo elevador, rumo ao alívio prometido pelo horizonte marinho, me deparei com duas colegas da academia do complexo.

Notando minhas lágrimas, elas se aproximaram com uma preocupação que rapidamente se transformou em empatia profunda quando compartilhei a razão do meu sofrimento. Sem hesitar, ambas me envolveram em um abraço que era mais do que um simples gesto de conforto; era um laço compartilhado de perda e compreensão. Uma das mulheres, que havia perdido duas filhas, e a outra, um filho na véspera de Ano Novo, sabiam exatamente a profundidade da dor que eu estava sentindo.

Naquele momento, unidas pela nossa tristeza, algo notável aconteceu. A mãe que perdera suas filhas compartilhou comigo palavras que ecoaram com uma força renovada: "Deus sabe o que faz, mesmo na dor, temos que ser fortes pois a vida, mesmo sendo um calvário às vezes, é linda aos olhos de Cristo." Suas palavras, embora nascidas de uma perda inimaginável, carregavam um peso de verdade e resiliência que só poderia vir de alguém que aprendeu a ressignificar sua própria dor.

Naquele dia, diante da imensidão do oceano e do calor dos abraços de duas mulheres corajosas, senti a mão de Deus agindo novamente em minha vida. Foi uma lembrança poderosa de que não estamos sozinhos em nosso sofrimento; estamos conectados por meio de nossas experiências compartilhadas e pelo apoio incondicional que podemos oferecer uns aos outros. A ressignificação da dor não veio como uma anulação da perda, mas como a transformação dela em uma força que nos empurra para frente, carregados pela fé e pelo amor que encontramos nos outros e que refletimos de volta ao mundo.

Aquele incidente tornou-se um ponto de virada. Comecei a perceber que cada momento de desespero também podia ser uma oportunidade para encontrar um novo propósito. A presença das duas mulheres, inicialmente preocupadas e depois reconfortante, mostrou-me que a ajuda e o suporte podem vir das formas mais inesperadas. A partir desse dia, comecei a buscar maneiras de transformar minha própria dor em algo maior, algo que pudesse não apenas honrar a memória do Lucas, mas também ajudar outros que estavam passando por lutos semelhantes.

Engajei-me mais ativamente em grupos de apoio, tanto oferecendo quanto buscando conforto. Comecei a falar abertamente sobre minha experiência, sobre a dor, sobre a depressão e sobre a recuperação, na esperança de que minha jornada pudesse oferecer alguma esperança para outros. Com o tempo, essa nova missão ajudou a dar um novo significado à minha vida, algo que o Lucas certamente teria se orgulhado.

Ressignificar a dor envolve aprender a ver cada desafio como uma oportunidade para crescer, para estender a mão, para conectar-se de maneira mais profunda com a humanidade compartilhada que todos nós experienciamos. Foi um processo lento e muitas vezes doloroso, mas, eventualmente, repleto de momentos de profundas revelações e, surpreendentemente, de beleza.

Além de descobrir uma nova missão e propósito, comecei a desenvolver uma sensibilidade especial para reconhecer a dor nos outros, especialmente aquela dor profunda e singular que só quem perdeu um ente querido conhece. Aprendi a identificar um tipo particular de olhar — um olhar que carrega uma tristeza imensa, um peso que só é perceptível para aqueles que já estiveram no mesmo abismo.

Foi a partir desse olhar que comecei a encontrar aliados inesperados em minha jornada.

Da mesma forma, conheci outras duas senhoras, em circunstâncias diferentes, que também enfrentavam o luto pela perda de seus filhos. E ainda, uma outra senhora cuja tragédia era dupla, tendo perdido ambos os filhos, que decidiram não continuar suas jornadas neste mundo. Em cada encontro, era como se um silêncio eloquente falasse por nós, um silêncio que só aqueles que compartilham esse tipo de perda poderiam entender.

Essas conexões transformaram-se em um apoio vital. Criamos um círculo informal de apoio, em que podíamos compartilhar não apenas nossas histórias, mas também nossas forças e esperanças. Nossos encontros, às vezes planejados e às vezes espontâneos, ofereciam um espaço seguro para expressar sentimentos que, frequentemente, eram difíceis de verbalizar para aqueles que não tinham vivenciado perdas semelhantes.

Esse entendimento mútuo e amor que emergiu de nossa dor compartilhada ajudou cada uma de nós a lidar melhor com nossos próprios lutos. Foi através dessas novas amizades que aprendi como a compaixão e o apoio podem surgir nas circunstâncias mais improváveis e como, ao abrir nossos corações para os outros, podemos encontrar não apenas consolo, mas também uma força coletiva para continuar.

A capacidade de identificar e conectar-se com outros que compartilham essa dor profunda me ensinou que, mesmo nos momentos mais sombrios, não estamos sozinhos. Essa rede de apoio improvisada tornou-se uma parte essencial do meu processo de ressignificação, mostrando-me que, ao transformar nossa dor em empatia e conexão, podemos encontrar um caminho mais leve e esperançoso para seguir adiante.

Em Romanos 8:28, aprendemos uma verdade profunda e muitas vezes desafiadora: "Sabemos que todas as coisas cooperam para o bem daqueles que amam a Deus, daqueles que são chamados segundo o seu propósito." Esse versículo, que fala de propósito e promessa, pode ser difícil de aceitar no coração da dor. No entanto, ele oferece uma perspectiva transformadora sobre como nossas experiências mais dolorosas podem ser ressignificadas.

Ao refletir sobre as histórias de perda compartilhadas naquele dia na praia, vejo como esse versículo se manifesta. Não é que nossas perdas sejam boas, mas que, em meio à dor, Deus trabalha para tecer mesmo os fios mais escuros do nosso sofrimento em uma tapeçaria mais ampla de redenção e esperança. As experiências que compartilhei com minhas colegas não apenas me ajudaram a enfrentar minha própria dor, mas também fortaleceram minha capacidade de empatia e meu desejo de apoiar os outros.

Compreender Romanos 8:28 no contexto da minha vida significa reconhecer que, embora não possamos sempre entender o "porquê" de nossas experiências, podemos confiar que há um "para que" — um propósito que transcende a dor. Acreditar nisso não minimiza a realidade da nossa tristeza, mas nos encoraja a buscar significados mais profundos e a encontrar a beleza que ainda pode florescer a partir das cinzas da desolação.

Encerrar este capítulo com essa reflexão é reafirmar minha fé em um Deus que não nos abandona nas nossas lutas, mas que nos capacita a encontrar força e propósito em meio à tempestade. Com cada história de dor e resiliência, somos lembrados de que mesmo quando o caminho é obscuro, a luz de Deus ainda pode guiar nossos passos em direção à cura e à renovação.

Muitas vezes não escolhemos o caminho, mas temos a obrigação de seguir nossa estrada. Foi aí que percebi que as mãos da minha família estavam todas juntas, agarradas. Não era só eu que estava sofrendo, todos estavam. Aqui em casa não tinha um medidor de dor para justificar as atitudes. Tínhamos que estar juntos, na dor e no amor. Canalizei tudo dentro de mim para transmitir a minha família que iríamos ficar bem, mesmo não convencida disto. Poderia ter escolhido deitar e me render à dor, à tristeza e à saudade. Mas preferi segurar na mão da minha família e seguir em frente. Dói todos os dias, mas tem muito amor dentro de mim e muitas pessoas que precisam desse amor compartilhado. Descobri dentro de mim uma capacidade de sentir profundamente a dor de outras pessoas. A gente se torna sensível às perdas de outras pessoas. Sabemos como é o sofrimento. Caminhamos com os pés calejados e eles ficaram mais fortes.

Não existe uma régua para medir o sofrimento de cada um, porque ninguém escapa desta vida sem o sofrimento. Agora é minha vez, mas amanhã será de outra pessoa. E o amor cura. O amor renova, o amor ressignifica. E não estamos sozinhos.

"Deus é o nosso refúgio e fortaleza, socorro bem presente na angústia." (Salmo 46:1)

A arte de ressignificar a dor não é uma tarefa fácil, mas é uma jornada de transformação e esperança. Que possamos sempre lembrar que não estamos sozinhos e que, mesmo nas trevas mais profundas, há luz e propósito esperando para serem descobertos.

Cartão de Ressignificação e Esperança

Guarde este cartão como um lembrete de que a dor pode ser ressignificada e transformada em propósito e amor.

"Sabemos que todas as coisas cooperam para o bem daqueles que amam a Deus."
— Romanos 8:28

Oração de Ressignificação e Propósito

"Senhor, na imensidão da dor, ensina-me a encontrar o propósito que tens para mim. Dá-me a coragem de transformar minha tristeza em empatia, minha perda em amor, e minha dor em força para seguir adiante. Que eu possa sempre confiar na Tua promessa de que todas as coisas, mesmo as mais difíceis, cooperam para o bem daqueles que Te amam. Amém."

Mensagem para Guardar

"Em cada momento de sofrimento, há uma oportunidade para ressignificação e crescimento. Que você sempre encontre a força para transformar sua dor em propósito, sabendo que Deus está ao seu lado, tecendo um futuro de esperança e amor."

Dia 25 de março de 2024
(Um ano sem você, meu menino)

Percebo agora que, ao abraçar a dor, ao aceitá-la como parte da nossa jornada, encontro uma forma de honrar sua memória e continuar o que você começou.

Aprendi que sua partida me deu uma nova missão: ajudar os outros, compartilhar minha história e, assim, tocar o coração daqueles que também estão enfrentando suas próprias batalhas.

Transformar a dor em um propósito tem sido minha maneira de te manter vivo, de fazer com que sua vida continue a ter impacto positivo, mesmo após sua ausência.

Você, meu filho, me ensinou a encontrar força na vulnerabilidade, a descobrir a beleza nos momentos mais sombrios.

Com gratidão,
Sua mãe ♡

CAPÍTULO 11

NOVAS TRADIÇÕES EM FAMÍLIA

Enfrentar o primeiro aniversário de Lucas após sua partida foi um marco doloroso para toda a nossa família. A perspectiva de passar esse dia sem sua presença física trouxe uma onda de tristeza que, à primeira vista, parecia insuperável. No entanto, foi também um momento que revelou a força restauradora de estarmos juntos, unidos em memória e amor por ele.

Decidimos, como família, criar novos rituais para este dia, transformando-o em uma celebração de sua vida, ao invés de apenas um lembrete de sua ausência. Essa iniciativa partiu do desejo de honrar Lucas de uma maneira que refletisse a alegria e o amor que ele espalhou durante sua vida. Com isso, planejamos um almoço num restaurante que ele gostava muito.

Ao chegarmos lá, cada um de nós compartilhou memórias felizes de momentos passados com Lucas. Minha filha Júlia trouxe fotos antigas, algumas das quais provocaram risadas e histórias que há muito não eram contadas. Meu filho Mateus, com voz embargada, lembrou das aventuras que eles haviam vivido juntos, destacando o espírito aventureiro de Lucas. Simone, com Vera ao lado, falou sobre os sonhos que Lucas tinha para sua filha, garantindo que Vera soubesse o quanto era amada por seu pai.

Meu marido Zeca, sempre meu porto seguro, falou sobre a união da nossa família e a importância da presença de Deus em nossas vidas. Suas palavras pareciam elevar um pouco do peso da nossa dor, como se a fé nos ajudasse a carregar um pouco dessa carga tão pesada, lembrando-nos que mesmo na ausência de Lucas, continuávamos sustentados pela graça divina.

Essa nova tradição não apenas fortaleceu nossos laços familiares, mas também nos ofereceu uma maneira de manter Lucas presente em nossas vidas de forma ativa e amorosa. A dor da perda nunca desaparece completamente, mas aprender a incorporá-la em nossas vidas por meio de novos rituais nos permitiu continuar a amar e lembrar de Lucas de uma maneira saudável e curativa.

Além desse almoço em sua homenagem, decidimos fazer visitas periódicas aos lugares que Lucas amava, como a praia onde tantas vezes fomos juntos, e onde ele sempre parecia tão em paz. Nesses momentos, encontramos consolo na natureza ao nosso redor, percebendo que o espírito de Lucas estava presente, de alguma forma, em cada onda que quebrava e em cada raio de sol que tocava nossa pele.

Essa nova tradição tem se mostrado fundamental, não apenas para lidar com a dor, mas também para ensinar a pequena Vera sobre seu pai. Ela aprende sobre Lucas por meio das histórias que contamos, dos lugares que visitamos em sua memória. Cada novo ritual é uma oportunidade para que Vera conheça mais de quem foi seu pai — um homem cheio de amor, coragem e alegria pela vida. Dessa forma, Lucas continua a ser uma parte integral da nossa família, seu legado vivendo conosco através de cada novo ritual que nos une e nos cura.

Em datas significativas, como o Natal e o aniversário de Lucas, também decidimos incluir um momento especial de oração e reflexão, em que cada um de nós expressa o que mais sente falta nele, mas também pelo que somos gratos. Essas noites de reflexão não apenas ajudam a aliviar um pouco da dor, mas também nos lembram da alegria que Lucas trouxe para nossas vidas e nos motivam a continuar honrando sua memória com ações de amor.

Assim, enquanto a dor da perda é uma realidade constante, as tradições que estabelecemos nos ajudam a manter a memória de Lucas viva e vibrante, permitindo que seu espírito continue a influenciar e enriquecer nossas vidas de forma significativa.

Ao transformar o aniversário do Lucas em um dia de celebração de sua vida, encontramos uma nova maneira de honrá-lo e manter sua memória presente entre nós. Criar esses novos rituais familiares trouxe não apenas conforto, mas também uma oportunidade de nos conectar com a essência de quem Lucas era — um ser humano cheio de amor, alegria e entusiasmo pela vida. Essas tradições nos lembram que, mesmo na ausência física, o amor de Lucas permanece conosco, uma força viva que continua a nos unir e inspirar.

E assim, continuamos a construir, tijolo por tijolo, uma nova forma de viver com a lembrança de Lucas, com o espírito dele vivo em cada gesto de amor, em cada passo que damos juntos.

No Salmo 126:5-6, somos lembrados: "Aqueles que semeiam com lágrimas, colherão com cantos de alegria. Aquele que sai chorando enquanto lança a semente, voltará com cantos de alegria, trazendo seus feixes." Esse versículo nos ensina que mesmo nos tempos de maior tristeza, quando semeamos com fé e amor, colheremos alegria e renovação. Por meio dessas novas tradições, estamos semeando esperança e encontrando formas de celebrar a vida de Lucas, colhendo os frutos da alegria que ele trouxe para todos nós.

Essas tradições não apagam a dor da perda, mas iluminam o caminho com pequenos focos de alegria, lembrando-nos que o amor verdadeiro nunca desaparece — ele se transforma, ele permanece conosco em novas formas, sustentando-nos nos momentos de maior saudade.

Reflexão Final

Convido você a refletir sobre as tradições que podem criar em sua própria vida para honrar e celebrar aqueles que amou e perdeu. Que cada nova prática, cada novo ritual, seja um testemunho da força do amor que perdura além do tempo e da morte, um lembrete de que a vida pode ser continuamente renovada e transformada por meio da memória e do amor.

Que possamos, com cada tradição que criamos, transformar nossa dor em uma celebração de vida, construindo momentos que unam nossas famílias e que eternizem aqueles que nos deixaram, de forma vibrante e cheia de esperança. Que nossos atos de memória sejam faróis que iluminem os dias difíceis, transformando lágrimas em sorrisos, e a saudade em uma doce presença que nos acompanha e nos inspira a viver plenamente, em honra ao amor que nunca desaparece.

Cartão de Tradições e Memória

Guarde este cartão como um lembrete de que a criação de novas tradições pode ser uma forma de honrar e celebrar a vida daqueles que amamos.

"Aqueles que semeiam com lágrimas, colherão com cantos de alegria."
— Salmo 126:5

Oração de Renovação e Celebração

"Senhor, ajuda-nos a encontrar maneiras de honrar e celebrar aqueles que perdemos, criando novas tradições que mantêm suas memórias vivas em nossos corações. Que cada gesto de amor, cada novo ritual, seja uma oferta de gratidão pela vida compartilhada e uma expressão de esperança para o futuro. Que possamos sempre lembrar que, por intermédio de Ti, há renovação e alegria após a tristeza. Amém."

Mensagem para Guardar

"Ao criar novas tradições, você pode transformar a dor em uma celebração de amor e memória. Que essas práticas sejam um lembrete constante de que o amor é eterno, e que aqueles que perdemos continuam a viver em nossos corações e em cada gesto de carinho que dedicamos a eles."

Dia 16 de abril de 2024.

Filho,
    Desde que você se foi, aprendemos a criar novas tradições em sua memória. Essas tradições nos mantêm unidos, nos ajudam a sentir você mais perto, como se, de alguma forma, você estivesse ali conosco, sorrindo, participando de cada momento.
    Essas tradições são a nossa forma de manter você presente, de te honrar, de te amar de uma maneira que transcende o tempo e o espaço. Mesmo que você não esteja fisicamente conosco, você vive em nossos corações, em cada tradição que criamos, em cada lembrança que mantemos viva.

Com saudade e AMOR,

sua mãe

CAPÍTULO 12

ENSINAMENTOS QUE PERMANECEM

Lucas deixou um legado de lições e valores que continuam a ressoar fortemente em nossa família. Seu carisma e sua risada eram contagiantes, capazes de iluminar qualquer ambiente. Ele possuía uma inteligência notável e um apetite voraz, não apenas por comida, mas pela vida, mesmo que sua própria batalha interna com a dor fosse algo que ele raramente compartilhava. Em cada refeição, em cada momento de convívio, ele demonstrava uma gratidão que, agora percebemos, era sua forma de apreciar cada pequeno momento, cada segundo de serenidade que conseguia encontrar.

Lucas também era um profissional dedicado, admirado por seus colegas e superiores. O impacto de sua presença no local de trabalho foi tão profundo que, após sua partida, seu chefe organizou uma homenagem que reuniu todos os seus colegas para celebrar suas contribuições e a alegria que ele trazia para o ambiente de trabalho.

Além de seu profissionalismo, Lucas tinha um dom para as finanças e uma habilidade especial para aconselhar os outros sobre suas carreiras. Ele me ensinou a melhorar meu currículo e sempre estava disposto a discutir estratégias para uma vida financeira mais estável. Presenteava-me com livros que moldaram minha visão de mundo, incluindo um curso de filosofia que me desafiou e expandiu meus horizontes.

Mas talvez o aspecto mais tocante de seu legado tenha sido seu imenso amor por sua família. Apesar de suas lutas internas, o amor de Lucas por sua filha Vera e sua esposa Simone era palpável e profundo. Era um amor que transcendia as palavras, manifestando-se em cada cuidado, cada abraço, cada momento de atenção dedicada. Contudo, seu maior desafio era amar-se e perdoar-se pelos erros que acreditava ter cometido.

Lucas encontrou conforto e redenção em sua fé, especialmente nos últimos tempos de sua vida. Ele se tornou um cristão devoto, aceitando Jesus Cristo não apenas como seu salvador, mas como seu guia. A história do Lucas reflete a de muitos homens e mulheres na Bíblia que, apesar de seus erros e pecados, encontraram aceitação e salvação por meio do sacrifício de Cristo.

Uma passagem bíblica que ressoa particularmente com sua história é Lucas 7:47-48, em que Jesus diz: "Por isso eu lhe digo que os seus muitos pecados foram perdoados; pois ela amou muito. Mas aquele a quem pouco é perdoado, pouco ama. Então Jesus disse à mulher: 'Seus pecados estão perdoados.'" Essa passagem ilustra a profundidade do amor e do perdão de Deus, ensinamentos que Lucas abraçou em sua busca por paz interior.

As lições que o Lucas nos deixou são preciosas e duradouras. Elas não apenas continuam a influenciar nossa maneira de viver e interagir uns com os outros, mas também nos ensinam a valorizar cada momento, a amar incondicionalmente e a buscar perdão e redenção, não importa quão profundos sejam nossos conflitos internos. Seu legado é um testemunho do poder transformador do amor, da gratidão e da fé, e esses ensinamentos permanecerão conosco, guiando-nos em nossa própria jornada pela vida.

Ao lembrar do Lucas, somos lembrados de que a vida é feita de pequenos momentos que, embora fugazes, são eternos em seu impacto. Cada risada compartilhada, cada conselho oferecido, cada gesto de bondade torna-se parte de uma tapeçaria maior que continuamos a tecer, mesmo após sua partida. Lucas nos ensinou que, mesmo nas batalhas internas mais difíceis, ainda há espaço para o amor, para o cuidado com o próximo e para a busca de paz interior.

A gratidão que o Lucas demonstrava por cada momento da vida é uma lição poderosa para todos nós. Ele nos ensinou que, mesmo quando o peso do mundo parece insuportável, há beleza a ser encontrada em cada dia, em cada gesto, em cada respiração. A vida, apesar de suas dificuldades, é um presente, e sua memória nos encoraja a viver com o mesmo fervor e paixão que ele tinha, valorizando cada segundo, cada interação, cada pessoa que cruzar nosso caminho.

O amor que Lucas nutria por sua família foi sua maior dádiva. Mesmo em meio às suas lutas, ele nunca deixou de demonstrar afeto e cuidado. Seu amor por sua filha Vera e sua esposa Simone era um reflexo do amor incondicional de Cristo por todos nós — um amor que não julga, que perdoa, que acolhe. Ao refletirmos sobre sua vida, somos inspirados a amar com a mesma intensidade, a perdoar com a mesma generosidade e a buscar a paz com a mesma determinação.

A passagem de Lucas 7:47-48 ressoa profundamente porque nos lembra que o amor e o perdão de Deus não têm limites. Lucas viveu essa verdade em seus últimos dias, buscando redenção e encontrando consolo na fé. Ele nos mostrou que, independentemente de nossas falhas, há sempre uma oportunidade para nos voltarmos a Deus, para nos arrependermos e para sermos abraçados por Sua infinita misericórdia.

Em Romanos 8:38-39, Paulo escreve: "Pois estou convencido de que nem morte nem vida, nem anjos nem demônios, nem o presente nem o futuro, nem quaisquer poderes, nem altura nem profundidade, nem qualquer outra coisa na criação será capaz de nos separar do amor de Deus que está em Cristo Jesus, nosso Senhor." Essa certeza do amor eterno de Deus nos fortalece, sabendo que o amor de Lucas e de Cristo é algo que jamais será tirado de nós, e que mesmo na ausência física, o vínculo do amor permanece.

Que o legado do Lucas nos inspire a viver de forma autêntica, a amar sem reservas, a perdoar com o coração aberto e a buscar sempre a presença de Deus em nossas vidas. Que suas lições sejam um guia para nossa própria jornada, lembrando-nos de que o amor, a fé e a gratidão têm o poder de transformar até mesmo os momentos mais sombrios em experiências de luz e redenção.

Reflexão Final

Cada memória do Lucas é um lembrete de que a vida é preciosa, e cada segundo que passamos com aqueles que amamos deve ser valorizado ao máximo. O que ele nos deixou é uma herança de amor inabalável, de perseverança diante das dificuldades e de uma busca constante por paz e significado. Que sua vida e seus ensinamentos sejam um espelho para todos nós, mostrando que, mesmo em meio à dor e à incerteza, sempre há espaço para o amor e a renovação.

Convido você a abraçar os ensinamentos que Lucas nos deixou como um caminho para viver uma vida plena de significado e propósito. Que possamos amar sem medo, perdoar sem hesitação e buscar a luz, mesmo quando a escuridão nos cerca. Que, como Lucas, possamos viver cada momento com gratidão e coragem, e que, assim, possamos fazer do mundo um lugar um pouco mais luminoso, um pequeno reflexo do amor eterno de Deus.

Cartão de Ensinamentos e Memória

Guarde este cartão como um lembrete dos ensinamentos que permanecem e do poder transformador do amor e da fé.

"Por isso eu lhe digo que os seus muitos pecados foram perdoados; pois ela amou muito."

— Lucas 7:47

Oração de Gratidão e Aprendizado

"Senhor, obrigado pelas lições que aprendemos através daqueles que amamos. Ajuda-nos a viver com gratidão, a amar profundamente e a perdoar como Tu nos perdoas. Que o legado de amor e fé de Lucas continue a guiar nossos passos e a inspirar nossas vidas, lembrando-nos sempre de Teu infinito amor e misericórdia. Amém."

Mensagem para Guardar

"Que os ensinamentos de amor, fé e gratidão permaneçam vivos em seu coração. Que você encontre força na lembrança daqueles que partiram e inspiração para viver cada dia com propósito e alegria, confiando sempre no amor e no perdão de Deus."

Dia 23 de maio de 2024.

Meu menino, ♡

    Você me ensinou tantas coisas ao longo de sua vida, e mesmo após sua partida, suas palavras continuam a me guiar. Aprendi a valorizar cada momento, a amar com intensidade, a perdoar de coração aberto. Você me mostrou que a vida é preciosa e que cada segundo é um presente. Mesmo enfrentando suas batalhas, você foi uma fonte constante de amor e apoio para todos a seu redor. Tento espalhar o amor que você me ensinou, sendo uma luz para aqueles que estão na escuridão, da mesma forma que você sempre foi para mim. Você continua a ser meu professor, meu guia, meu amado filho.

                    Com amor,

                        Sua mãe ♡

CAPÍTULO 13

A JORNADA CONTINUA

A jornada do luto é uma estrada que nunca termina, mas seu terreno e a paisagem ao redor mudam com o tempo. Aprendemos que o luto não diminui; ao invés disso, nós crescemos ao redor dele. A cada dia, cada semana, cada mês, encontramos novas formas de adaptar e expandir nossas vidas para acomodar essa perda, aprendendo a carregar esse peso de uma maneira que se torna parte integrante de quem somos.

Conforme o tempo passa, nossa perspectiva sobre o mundo e sobre a vida se transforma. A dor aguda e constante do início do luto começa a dar lugar a uma tristeza mais branda, entremeada de momentos de alegria e gratidão pelas lembranças que permanecem. Passamos a ver o mundo não apenas através das lentes da perda, mas também através de um filtro de amor, solidariedade, compaixão e cuidado. Essas emoções se estendem não só às pessoas que amamos, mas também àquelas com quem nossas vidas se cruzam casualmente.

Essa mudança de perspectiva é gradual e muitas vezes sutil. Com o tempo, começamos a apreciar mais profundamente os momentos que temos com nossos entes queridos. Cada risada compartilhada, cada conversa, cada abraço ganha um novo peso e significado. A perda de Lucas nos ensinou a valorizar a impermanência da vida e a importância de viver plenamente no presente, abraçando aqueles que amamos com todo o nosso coração.

Simultaneamente, nosso senso de empatia e compreensão para com o sofrimento dos outros se aprofunda. A experiência do luto nos torna mais sensíveis às lutas alheias, impulsionando-nos a estender uma mão amiga sempre que possível. A dor compartilhada pode ser uma poderosa força unificadora, criando laços de entendimento e apoio mútuo que transcendem as circunstâncias individuais.

Aprendemos também a aceitar que haverá dias em que a saudade do Lucas se fará sentir com mais intensidade – dias em que, sem aviso, uma onda de tristeza nos submerge e nos lembra da profundidade de nossa perda. Mas esses dias, embora difíceis, também são um testemunho do amor que sentimos por ele. Eles nos lembram que o Lucas, embora fisicamente ausente, permanecerá sempre uma parte vital de nossas vidas.

Lembro-me de um dia, alguns meses depois que o Lucas faleceu, em que eu estava preparando o almoço e, distraidamente, deixei cair um copo. Eu olhei para o estrago que o copo fez no chão, os pedaços de vidro espalhados, e comecei a chorar. Estava sozinha em casa, e a cena diante de mim — um simples copo quebrado — desencadeou uma onda de emoções que eu não conseguia controlar. Não era apenas sobre o copo; era sobre tudo o que havia quebrado em mim e que eu sabia que nunca poderia ser totalmente consertado.

Pegar a vassoura para recolher os cacos foi como enfrentar a realidade da perda: um esforço consciente para juntar os pedaços, sabendo que, mesmo assim, alguns fragmentos sempre ficariam espalhados, escondidos nos cantos, prontos para machucar quando menos esperássemos. Entendi que minha dor tomou a mesma forma que os fragmentos minúsculos de vidro — ela estava espalhada por toda parte, difícil de ver, mas sempre presente.

Quando você perde um filho, um primeiro impulso natural é tentar conter o dano, evitar que ele se espalhe para outras áreas da vida: trabalho, família, amizades, a simples ida ao supermercado. Como limpar vidros quebrados, você se move com cautela, fazendo o melhor para não ser cortado pelas bordas irregulares do seu luto. Você começa a se concentrar nas peças maiores, as que são mais óbvias, as que consegue ver e tentar consertar. No entanto, são os pedaços menores e invisíveis que são os mais perigosos — aqueles que ficam escondidos e, eventualmente, encontram uma maneira de cortar novamente.

O luto é um vidro quebrado. Não importa o quanto tentemos limpar, sempre haverá cacos que escapam, prontos para nos machucar quando menos esperamos.

Nos últimos meses, encontrei um conforto improvável nessa metáfora do vidro quebrado. Não sugiro que apenas ter essa metáfora me permita prever quando esses fragmentos irão ressurgir, ou evitar a dor que eles causam. Mas, quando o luto me pega desprevenida, essa metáfora me ajuda a processar o que está acontecendo — a transformar o choque em reconhecimento, a entender e aceitar a dor que sinto. Ela me lembra que o luto é único, que o meu não precisa ser igual ao de mais ninguém, e que não há problema em não conseguir "limpar tudo".

Neste capítulo da nossa existência, reconhecemos que o luto é uma evolução contínua, não um estado a ser superado. Em vez de buscar um "fechamento" ou um "fim" para o luto, aprendemos a integrar a experiência da perda em nossa narrativa de vida, permitindo que ela nos molde e nos ensine. A jornada do luto é, em muitos aspectos, uma jornada de crescimento constante e renovação diária, uma caminhada que continuamos com Lucas sempre em nossos corações, guiando-nos com sua memória e os ensinamentos que deixou para trás.

Entender o luto como vidro quebrado é aceitar que nunca podemos limpar completamente o que quebra, e tudo bem. Aprendemos que o luto se comporta de maneira imprevisível; pode nos encontrar em momentos inesperados, como um copo que se quebra no chão ou uma lembrança que surge do nada. E como fragmentos de vidro espalhados, o luto pode ferir quando menos esperamos, nos lembrando de sua presença persistente. Mas também aprendemos que a dor não é o fim da história. Ela se torna parte de nós, molda quem somos e, surpreendentemente, pode se transformar em um novo tipo de força.

A cada dia, aprendemos a encontrar uma forma de carregar esse luto com mais leveza, sabendo que ele sempre estará presente, mas não definirá inteiramente quem somos. Aprendemos a aceitar que haverá dias de lágrimas, de saudade profunda, e que isso é apenas um reflexo do amor eterno que sentimos por Lucas. Mas também haverá dias de riso, de alegria inesperada, de momentos que trazem calor ao coração. Esses momentos são igualmente importantes e parte de nossa jornada.

À medida que continuamos a caminhar nessa estrada de luto, descobrimos que ela é feita de altos e baixos, de sombras e luz, de dor e cura. Estamos aprendendo a caminhar com o vidro quebrado nos bolsos, sabendo que alguns pedaços podem nunca ser removidos completamente, mas também reconhecendo que, no meio de tudo isso, existe um tipo de beleza inesperada.

Estamos crescendo ao redor de nossa dor, tornando-nos mais compassivos, mais conscientes da fragilidade da vida e mais gratos pelos momentos que temos. Aprendemos que o luto pode ser um professor severo, mas também um guia para uma compreensão mais profunda da vida, do amor e do propósito.

No Salmo 34:18, somos lembrados: "O Senhor está perto dos que têm o coração quebrantado e salva os de espírito abatido." Esse versículo nos oferece conforto, lembrando-nos de que, mesmo nos momentos de maior dor, Deus está conosco, sustentando-nos e curando nossos corações partidos.

Que possamos continuar a encontrar consolo na certeza de que, em nossa jornada contínua de luto, não estamos sozinhos. Deus caminha ao nosso lado, oferecendo-nos Sua força e conforto em cada passo. Que cada pedaço de vidro quebrado em nossas vidas se torne um lembrete de nossa resiliência e da luz que ainda brilha em meio às trevas.

Reflexão Final

Convido você a aceitar as bordas afiadas de estar vivo, a abraçar sua dor como parte de quem você é, e a encontrar beleza na jornada, mesmo quando ela é dolorosa. Que você cresça ao redor de sua dor e descubra, mesmo nos momentos mais sombrios, a presença constante de Deus, guiando e sustentando. Que cada caco de vidro que encontrar seja uma oportunidade de cura e de descobrir a beleza que permanece, mesmo em meio às imperfeições da vida.

Cartão de Consolação e Resiliência

Guarde este cartão como um lembrete de que o luto é uma jornada contínua, e que Deus está sempre ao seu lado, oferecendo conforto e força.

"O Senhor está perto dos que têm o coração quebrantado e salva os de espírito abatido."
— Salmo 34:18

Oração de Conforto e Crescimento

"Senhor, em minha jornada de luto, ajuda-me a aceitar a dor como parte de quem sou. Dá-me a força para crescer ao redor de minha tristeza, para encontrar beleza nos pedaços quebrados e para sentir Tua presença constante em cada passo. Que eu sempre lembre que, mesmo quando o caminho é escuro, Tu estás comigo, sustentando-me e guiando-me para a cura. Amém."

Mensagem para Guardar

"O luto é uma estrada contínua, mas nunca caminhada sozinha. Que você sempre sinta a presença amorosa de Deus ao seu lado, ajudando-o a carregar os pedaços quebrados e a encontrar paz e beleza na jornada."

Dia 11 de junho de 2024.

Filho,

A jornada de viver sem você tem sido cheia de altos e baixos, de momentos de dor profunda e de pequenas vitórias. Aprendi a aceitar que o luto não é algo que se supera, mas algo com o qual se aprende a viver. Em cada dia, em cada passo, em cada lágrima que derramo, sinto que você está comigo, me dando força para continuar.

Há dias em que a saudade é esmagadora. Aprendi a abraçar tanto a tristeza quanto a alegria, sabendo que ambas fazem parte do meu amor por você.

E assim a jornada continua, passo a passo, com você sempre em meu coração.

Te amo!

sua mãe

CAPÍTULO 14

ESPERANÇA NO HORIZONTE

À medida que avançamos em nossa jornada de luto e cura, começamos a reconhecer os sinais de progresso e as pequenas vitórias que marcam o caminho. Aprendemos que cada passo à frente, mesmo os mais tímidos, são vitórias significativas. E, ao refletir sobre nossas ações e escolhas, percebemos que a capacidade de reconhecer nossos erros e mudar nosso caminho não apenas para nosso próprio benefício, mas também para motivar e alegrar outros, é um sinal de crescimento profundo.

Uma das grandes realizações nesta jornada foi entender nosso papel no mundo e como podemos ajudar pessoas que compartilham da mesma dor. Descobrir que nossa experiência pode servir de consolo e guia para outros em luto oferece um propósito renovado à nossa própria dor. Além disso, o processo de aprender a perdoar nossas próprias falhas e seguir em frente fortalece nossa humanidade e nossa compaixão por nós mesmos e pelos outros.

Para ilustrar a importância do perdão e da fé neste processo, uma passagem bíblica que ressoa profundamente com nossa experiência é encontrada em Colossenses 3:13: "Suportem-se uns aos outros e perdoem as queixas que tiverem uns contra os outros. Perdoem como o Senhor lhes perdoou." Esse versículo não apenas encoraja o perdão mútuo, mas também nos lembra do exemplo supremo de perdão que recebemos de Deus. A capacidade de perdoar e de receber perdão é fundamental para nossa cura e para nossa capacidade de avançar com esperança.

O perdão é uma ponte para a reconstrução, uma ferramenta que nos permite reparar o que foi quebrado e restaurar o que foi perdido. A fé, por sua vez, nos oferece a força necessária para atravessar essa ponte. Ela nos sustenta nos momentos de dúvida e nos impulsiona quando o caminho se torna árduo. Juntos, o perdão e a fé nos equipam para enfrentar as realidades do luto com uma resiliência renovada e uma esperança que ilumina o futuro.

Perdão e Fé como Caminho para a Renovação

Perdoar a nós mesmos foi, talvez, um dos maiores desafios desta jornada. Sentimentos de culpa sempre surgiam — pensando se poderíamos ter feito algo diferente, se deixamos algo por dizer ou por fazer. Mas a verdade é que ninguém está preparado para lidar com a perda de alguém tão amado. Precisamos aprender a ser gentis conosco, assim como Deus é conosco. Esse entendimento nos libertou do peso esmagador da culpa e nos deu espaço para respirar, para viver de uma maneira mais leve.

Viver com esperança em meio ao luto significa confiar nas promessas de Deus, mesmo quando nossa dor parece esmagadora. Significa colocar todo o peso de nossas vidas sobre as verdades que acreditamos, especialmente quando enfrentamos a ausência daqueles que amamos. É um convite a experimentar profundamente o amor de Deus, que sustenta nossa alma mesmo nas horas mais escuras.

Uma vez que eles se foram, nós lutamos com a ausência deles. Lamentar com esperança significa testar as promessas de Deus, colocar peso em todas as coisas que dissemos que acreditamos, mas só agora, na morte de nosso ente querido, ousamos provar. Na esperança de ressurreição, todas as promessas de Deus são verdadeiras.

Construindo um Novo Caminho com Lições Aprendidas

É minha esperança que, ao compartilhar essas reflexões, possa inspirar outros que estão caminhando por estradas de luto e perda. Quero passar uma mensagem de esperança e encorajamento: você não está sozinho em sua jornada. Cada passo, cada escolha por continuar, cada momento de perdão e fé, são partes de uma tapeçaria mais ampla de cura e redenção. Juntos, podemos encontrar caminhos para reconhecer a dor, celebrar as memórias e, acima de tudo, cultivar uma vida que ainda pode ser rica em amor e significado.

Compreendemos que, na jornada do luto, o progresso nem sempre é linear, mas cada momento de resiliência é uma confirmação de que ainda há vida, propósito e amor a serem vividos. A compreensão de que nossa própria dor pode se transformar em uma fonte de consolo para outros nos dá um propósito renovado. Ao percebermos que nossa experiência pode servir de guia para quem está passando pela mesma tempestade, sentimos que há um significado maior por trás de tudo o que enfrentamos.

Escolhas para o Caminho da Esperança

Decidimos também que, para nos mantermos fortes e saudáveis, precisaríamos fazer escolhas conscientes. Comecei a anotar lições práticas que aprendi ao longo dessa jornada, coisas que funcionaram para mim e que poderiam ajudar outros:

1. Invista na Sua Saúde: não podemos afogar nossas mágoas em hábitos prejudiciais. Precisamos cuidar de nosso corpo — sono, alimentação e exercício são vitais para nos ajudar a atravessar a dor.

2. Evite o Isolamento: mesmo quando não se tem vontade de ver ninguém, é crucial manter as conexões. Nossa família e amigos formam uma corrente de amor ao nosso redor.

3. Estabeleça Limites Saudáveis: precisamos comunicar nossos limites, especialmente com aqueles que, mesmo sem intenção, podem nos causar dor. Aprender a dizer "não" também faz parte da cura.

4. Encontre o que Você Ama: fazer o que amamos nos mantém à tona. Para mim, escrever foi uma âncora — uma

maneira de expressar o que sentia e também de me conectar com os outros.

5. Reserve Tempo para Você: mesmo que seja apenas por alguns minutos, é importante cuidar de si mesmo. Elimine o "não posso" de seu vocabulário e priorize o seu bem-estar.
6. Perdoe-se e Continue: ter dias ruins faz parte do processo. Aceite-os como visitantes temporários, mas não permita que eles definam quem você é.

Um Horizonte Cheio de Luz

Enquanto caminhamos por essa jornada, percebemos que, apesar da dor da ausência de Lucas, há esperança no horizonte. Cada dia traz a promessa de novos começos, novas oportunidades para viver de uma maneira que honre sua memória. O luto e a esperança não são contraditórios; eles coexistem em um balanço delicado, e nós aprendemos a dançar entre ambos.

Em Romanos 15:13, encontramos um lembrete poderoso: "Que o Deus da esperança os encha de toda a alegria e paz, por sua confiança nele, para que vocês transbordem de esperança, pelo poder do Espírito Santo." Esse versículo nos convida a confiar no Deus da esperança, que nos dá força para continuar e nos enche de alegria e paz, mesmo em meio à dor.

Reflexão Final

Que possamos continuar a trilhar nosso caminho com fé, sabendo que Deus está ao nosso lado, enchendo nossos corações de esperança e nos guiando em direção a um futuro em que a luz da redenção brilha sempre no horizonte. Que cada um de nós possa encontrar as pequenas vitórias ao longo do caminho, e que elas sirvam como lembretes de nossa resiliência, do amor que nunca desaparece, e da promessa de que, mesmo nas noites mais escuras, sempre há esperança para um novo amanhecer.

Convido você a, na sua própria jornada, encontrar força em suas lembranças, consolo no perdão, e uma fé renovada que ilumine seu caminho. Que o amor e a esperança sejam suas constantes companhias, e que a dor do luto se transforme em um farol que guie seus passos em direção à cura e à paz.

Cartão de Esperança e Cura

Guarde este cartão como um lembrete de que, mesmo na jornada do luto, há sempre esperança no horizonte.

"Que o Deus da esperança os encha de toda a alegria e paz, por sua confiança nele, para que vocês transbordem de esperança, pelo poder do Espírito Santo."
— Romanos 15:13

Oração de Esperança e Renovação

"Senhor, concede-me a coragem de caminhar com esperança, mesmo quando o caminho é difícil. Enche meu coração de alegria e paz, e ajuda-me a perdoar a mim mesmo e aos outros, assim como Tu me perdoas. Que eu possa viver cada dia com fé, confiando em Tuas promessas e sendo uma luz para os que também enfrentam o luto. Amém."

Mensagem para Guardar

"Em cada passo do luto, há uma oportunidade para encontrar esperança e renovação. Que você sempre sinta a presença de Deus guiando e confortando seu coração, ajudando-o a ver além da dor e a viver com propósito e amor."

Dia 07 de junho de 2024.

Meu menino,

A esperança tem sido minha companheira fiel nessa caminhada, me ajudando a encontrar significado na dor, a buscar força em momentos de fraqueza.
Sei que a esperança é o que me mantém de pé, o que me ajuda a continuar, a seguir em frente.
Espero, meu filho, que você saiba e sinta o quanto você ainda é amado, o quanto você ainda inspira todos a seu redor, e o quanto sua vida continua a ter um impacto profundo e duradouro.

Com amor e esperança

Sua mãe

CAPÍTULO 15

DEIXANDO UM LEGADO DE AMOR

Neste último capítulo, quero refletir sobre como a experiência devastadora de perder um filho pode, paradoxalmente, inspirar e fortalecer outros a enfrentarem suas próprias tragédias. A dor, embora intensa e às vezes esmagadora, também tem o potencial de abrir nossos corações para um amor mais profundo e uma compreensão mais ampla da vida.

Desde a perda do Lucas, aprendemos a encontrar consolo e força na presença constante e amorosa de minha neta Vera e de minha nora Simone. Elas são lembretes vivos do amor que Lucas deixou para trás, e cada momento que passamos juntos é tanto uma homenagem a ele quanto uma celebração da vida que continua, apesar da dor. Vera, com sua inocência e alegria, e Simone, com sua resiliência e amor, nos ajudam a encontrar a paz e a motivação para seguir em frente.

A Bíblia oferece muitas passagens sobre ressignificação e amor, mas uma que ressoa particularmente com nossa experiência é Romanos 8:28: "Sabemos que Deus age em todas as coisas para o bem daqueles que o amam, dos que foram chamados de acordo com o seu propósito." Esse versículo nos lembra que, mesmo nas circunstâncias mais dolorosas, há um propósito maior e a possibilidade de transformação e esperança.

Um Legado que Permanece

O legado do Lucas é construído sobre o alicerce de seus princípios e amor incondicional. Queremos que ele seja lembrado não apenas como alguém que enfrentou desafios, mas como alguém cuja vida continua a influenciar e inspirar positivamente os outros. Ele nos ensinou sobre a força da fé, a importância do perdão e o poder transformador do amor. Ele nos mostrou que, mesmo nos momentos mais sombrios, há sempre um caminho de volta para a luz.

Deixar um legado de amor é um compromisso que exige coragem diária. Não é apenas sobre lembrar o que perdemos, mas também sobre celebrar o que ainda temos e o que podemos construir a partir das cinzas da dor. Para nós, a dor se transformou em uma missão de viver e compartilhar a história de Lucas, de sermos testemunhas de como o amor pode transcender o luto e se tornar um farol para outros.

Transformando Dor em Inspiração

A cura da perda, se é que podemos chamar assim, vem da vulnerabilidade. Espero que minha história inspire a vulnerabilidade de mudança de vida de algumas pessoas que passam pelo mesmo processo. A dor nunca irá embora completamente; em vez disso, construímos uma vida em volta do luto. E isso chamamos de esperança.

Viver com esperança significa continuar a buscar a luz, mesmo quando ela parece estar distante. Significa permitir que o amor continue a nos moldar e, por meio disso, encontrar a força para ajudar os outros que estão começando sua própria jornada de luto. Desde a perda do Lucas, decidi que sua vida e suas lições não ficariam limitadas apenas à nossa família. Ele nos ensinou tanto sobre amor, compaixão, força e fé, e queremos que essas lições se espalhem e inspirem outras pessoas que estão lidando com suas próprias batalhas.

Assim, por meio do voluntariado, do apoio a grupos de luto e da disposição para ouvir e confortar, temos encontrado novas formas de honrar o Lucas. Compartilhamos nossa experiência, não como especialistas, mas como pessoas que sabem como é ser atingido por uma dor imensurável e ainda assim se levantar, um dia de cada vez. Essa é uma maneira de assegurar que sua memória continue viva e que o impacto de sua vida vá além do nosso círculo familiar.

O Poder do Amor que Transforma

O amor do Lucas continua vivo em nós, guiando-nos, moldando-nos e fortalecendo-nos para enfrentar o futuro com coragem e fé. Para você que lê estas palavras, espero que possa encontrar em sua própria jornada de perda e dor a força para construir um legado de amor. Que você se permita ser vulnerável, para que a cura verdadeira possa acontecer. E que, por meio de sua própria experiência, você possa inspirar outros a viver com coragem, fé e esperança.

É uma lição difícil, mas essencial: reconhecer que, mesmo após a maior das perdas, ainda há beleza no mundo e que nossa tarefa é contribuir para essa beleza por meio de nossas ações, do amor que escolhemos espalhar. O luto não precisa nos tornar amargos ou fechados; ele pode ser o terreno fértil no qual cultivamos um tipo de amor mais profundo, mais compassivo e mais transformador.

Deixar um legado de amor significa escolher, todos os dias, viver com propósito e gratidão, mesmo em meio à dor. Significa continuar a amar, a perdoar, a cuidar e a compartilhar nossa história com o mundo, na esperança de que possamos ser uma fonte de conforto e inspiração para outros que caminham por caminhos semelhantes. A vida de Lucas foi cheia de significado, e queremos que essa profundidade continue a tocar corações, a abrir olhos para a importância da empatia, e a iluminar o caminho para quem, como nós, busca esperança em tempos de escuridão.

Cartão de Legado e Esperança

Guarde este cartão como um lembrete de que, mesmo em meio à dor, você pode deixar um legado de amor que inspira e transforma vidas.

"Sabemos que Deus age em todas as coisas para o bem daqueles que o amam, dos que foram chamados de acordo com o seu propósito."
— Romanos 8:28

Oração de Amor e Propósito

"Senhor, ajuda-me a viver com propósito, mesmo em meio à dor. Que meu sofrimento se transforme em força, que minha tristeza se transforme em compaixão, e que meu amor seja um legado que inspire outros a continuar. Dá-me a graça de perdoar a mim mesmo e de encontrar esperança em cada novo dia, confiando em Teu plano perfeito. Amém."

Encerramento do Capítulo

O capítulo final desta jornada é um convite. Um convite para ver além da perda, para transformar o luto em um farol que guia outros através da escuridão. Que possamos encontrar a coragem de amar, mesmo quando amar significa carregar a lembrança de uma dor profunda. Que possamos perdoar, confiar em Deus e viver nossas vidas com propósito, deixando para trás um legado que inspira, que transforma e que reflete o amor que nunca morre.

O Legado de Lucas será sempre de amor, fé e resiliência. Um convite a todos que cruzarem nossas vidas para viver de forma plena, com um coração aberto, mesmo em meio à dor. Que possamos ser, cada um de nós, uma luz para os outros, ajudando a iluminar o caminho para onde a esperança sempre resplandece no horizonte.

Dia 14 de agosto de 2024.

Filho,

Você nos ensinou a amar de maneira verdadeira e incondicional, a ser compassivos, a perdoar e a buscar sempre o bem, mesmo diante das adversidades.

Tenho aprendido a viver com a sua ausência, mas nunca sem o seu amor. Seu amor continua a me dar forças para viver cada dia com propósito e gratidão. Continuo a te honrar, meu filho, em cada pequena coisa que faço, em cada escolha que tomo.

Você continua a ser minha inspiração, o seu legado continuará a viver em cada pessoa que cruzar o meu caminho.

Com todo amor,

Sua mãe.

PARA TODAS AS MÃES QUE ENFRENTAM A INDESCRITÍVEL DOR DE PERDER UM FILHO, GOSTARIA DE DEIXAR UMA CARTA:

Querida mãe,

Sei que as palavras podem parecer insuficientes neste momento de dor imensa, mas quero que saiba que você não está sozinha. Eu também caminhei pelo vale escuro da perda de um filho, e embora nossas histórias sejam únicas, compartilhamos a mesma jornada de luto e cura.

Nos meses após a perda de meu filho, também me debati com a culpa e o "se" que assombram nossos pensamentos. Entendo o peso que isso traz e como pode nos afastar daqueles que ainda precisam de nós. Mas, querida, quero encorajá-la a abrir seu coração para a cura que vem de se entregar a Deus. Ele entende sua dor e está pronto para aliviar o fardo da culpa que você carrega.

A culpa é um visitante persistente em nosso luto, mas não precisa ser um residente permanente. Permita-se sentir, permita-se chorar, mas também permita-se curar. A verdade é que, embora a vida nunca mais seja a mesma, ainda há beleza e propósito à sua frente. Seu filho, como o meu, deixou um legado de amor que você pode continuar a construir. Por meio de suas ações, seu amor e sua fé, você pode honrar a memória dele de maneiras que trazem luz e esperança para você e para os outros.

Que você encontre conforto nas memórias preciosas e força na fé que nos sustenta. Que você veja, a cada novo dia, uma oportunidade para o amor e a ressignificação. E acima de tudo, que você saiba que, mesmo nos dias mais sombrios, Deus está com você, segurando sua mão e guiando você para um amanhã de paz.

Com todo o meu amor e compreensão,
Rita Tavares

CARTA FINAL PARA MEU FILHO LUCAS

Querido Lucas,

Mesmo na sua ausência, quero que saiba que estamos aqui, sempre pensando em você, cuidando de Vera e de Simone, e uns dos outros. Cada dia sem você é um desafio, mas também uma oportunidade para honrar a vida que você viveu e o amor que você nos deu.

Nós nos fortalecemos e encontramos consolo na nossa fé em Jesus Cristo, que nos ensina sobre a esperança e a eternidade do amor. Vera está crescendo tão rápido, e em cada sorriso dela, vejo um reflexo seu. Simone, com sua força e graça, continua a ser a coluna desta família, como você sempre soube que ela seria.

Nosso lar ainda ecoa com as lembranças de sua risada, suas piadas e a maneira como você olhava a vida com tanta paixão e curiosidade. Em cada canto, em cada momento, sentimos sua falta, mas também sentimos sua presença, guiando-nos e inspirando-nos a viver com mais amor e compaixão.

Quero compartilhar uma passagem da Bíblia que frequentemente me traz conforto e me lembra do imenso amor de nosso Pai Celestial, que agora está ao seu lado. É de Romanos 8:38-39: "Pois estou convencido de que nem morte nem vida, nem anjos nem demônios, nem o presente nem o futuro, nem quaisquer poderes, nem altura nem profundidade, nem qualquer outra coisa em toda a criação, será capaz de nos separar do amor de Deus que está em Cristo Jesus nosso Senhor."

Essas palavras me asseguram que, assim como o amor de Deus é eterno e inquebrável, nosso amor por você também é. E enquanto você descansa nos braços do Pai Celestial, aqui continuamos a viver de uma maneira que, espero, te faça orgulhoso.

Sua memória e seu espírito continuam a ser uma luz para nós. E enquanto seguimos em frente, saiba que cada passo que damos, cada decisão que tomamos, é feito com o amor que você plantou em nossos corações.

Com todo o meu amor eterno,
Sua Mãe

Lucas, meu querido filho, sua vida foi um presente para todos nós, e enquanto caminhamos por este mundo, levamos um pouco de você em tudo que fazemos. Você nos ensinou o verdadeiro significado do amor e da resiliência, e essas lições serão o legado que continuaremos a construir em sua homenagem. Até nos encontrarmos novamente, mantenha-se em paz, sabendo que você é amado além das palavras e que sua memória é um tesouro que guardaremos para sempre em nossos corações.

Com todo amor e saudades,
Sua Família

Evite acelerar o período de luto. O luto não conhece cronograma e não pode ser apressado. A perda de um ente querido sempre fará parte do seu dia a dia, mas conforme o tempo avança, o luto pode parecer diferente. Para algumas pessoas, o luto pode não parecer diferente por muitos anos.

O luto, a complexa resposta emocional à perda, é uma experiência universal que toca a vida de inúmeras pessoas. Todo mundo passa pelo processo de luto de forma diferente. A forma como você experimenta o luto também pode mudar com base no seu relacionamento com a pessoa que faleceu, como eles morreram e o papel que desempenharam em sua vida.

Muitas pessoas acreditam erroneamente que o luto segue um caminho previsível e linear, com estágios que devem ser experimentados em uma ordem específica. No entanto, o luto é único para cada indivíduo. O luto não adere a uma linha do tempo rígida, e as pessoas podem experimentar várias emoções e reações que mudam com o tempo. A jornada de luto de cada pessoa é única, e não existe um modelo de tamanho único.

A sociedade muitas vezes espera que as pessoas "se movam" rapidamente ou suprimam sua dor. Compartilhar os sentimentos e experiências com pessoas confiáveis ou grupos de apoio pode proporcionar conforto e validação e facilitar o processo de cura.

A noção de que o tempo sozinho pode curar o luto é um mito comum. Embora a intensidade do luto possa mudar com o tempo, o processo de cura não depende apenas do passar do tempo. O envolvimento ativo com o luto, como buscar apoio, processar emoções e encontrar significado, é crucial para a cura e o crescimento. Não é a mera passagem do tempo, mas como as pessoas navegam em sua dor que leva ao reconhecimento do que a perda significa para eles.

O luto pode ser uma experiência de isolamento, e muitas pessoas se sentem sozinhas em sua tristeza. No entanto, há valor na conexão e na comunidade durante o processo de luto. Buscar apoio de amigos, familiares ou grupos de apoio ao luto pode proporcionar um senso de pertencimento, compreensão e experiências compartilhadas. Cercar-se de indivíduos compassivos pode ajudar a aliviar os sentimentos de isolamento e promover a cura.

Ao desafiar equívocos sobre a natureza do luto, podemos promover uma sociedade mais empática e solidária. Reconhecer a natureza única e individual do luto, promover a expressão aberta e incentivar o apoio da comunidade pode facilitar a cura e o crescimento para aqueles que sofrem uma grande perda.

E o que estamos fazendo é difícil; a provação mais difícil que enfrentamos como humanos. Não podemos mudar isso ou fazê-lo desaparecer. A dor é tão real quanto a perda. Mesmo quando ficamos mais fortes e começamos a reconstruir uma vida que parece despedaçada, estamos fazendo isso em torno da nossa perda. Posso me distrair muitas vezes, em casa, no trabalho, mas a dor está ali, e minha vida está crescendo sobre a ferida como tecido cicatricial, mas a ferida ainda está lá. Quando me permito senti-la completamente — ou quando ela me pega de surpresa, como vai acontecer — a dor não é menor do que nunca. Sinto muita falta do meu filho, e isso dói. Não adianta lutar contra isso. Tudo o que posso fazer é aceitar e seguir em frente. Mesmo sentindo dor.

Olhando Uns para os Outros com Amor

A vida é um emaranhado de momentos inesperados e emoções profundas, uma tapeçaria de alegrias e tristezas que se entrelaçam de maneiras que nunca poderíamos imaginar. Todos nós carregamos uma dor invisível, uma história não contada, um pedaço de vidro quebrado que nos fere silenciosamente. E é justamente por isso que somos chamados a olhar uns para os outros com compaixão, com a consciência de que o dia de amanhã é incerto e o tempo que temos é precioso.

Que a perda de Lucas e a experiência compartilhada neste livro nos lembrem da importância de sermos gentis uns com os outros, de ouvirmos mais atentamente, de abraçarmos com mais sinceridade, de sorrirmos com mais frequência. Que possamos viver cada dia com um coração aberto, pronto para oferecer conforto, compreensão e amor a todos que cruzarem nosso caminho.

Em junho de 2024, eu estava indo para o trabalho. Eram 5:40 da manhã e, sem perceber, dirigia com os faróis do carro desligados. Achei estranho não haver tanta claridade na pista, mas continuei assim mesmo, já que as ruas estavam desertas. Quando estava quase chegando na rodovia, parei no semáforo fechado, aguardando que ele abrisse. Não havia carros atrás de mim, nem à minha frente. As pistas estavam completamente vazias. Assim que o sinal ficou verde, dois segundos depois, vi as luzes da polícia acesas atrás de mim. Encostei o carro, nervosa e sem entender o motivo da abordagem.

O policial se aproximou, abaixei o vidro e ele disse: "Parei a senhora porque seu carro está com o farol desligado." Meio sem graça, respondi que não sabia, e realmente não sabia. Ele esticou a mão para dentro do carro e ligou os faróis. Em seguida, pediu minha carteira de motorista e se afastou para conferir os documentos e a placa do carro. Enquanto ele se distanciava, algo me pareceu familiar. Quando ele voltou, não pude evitar e disse: "Acho que conheço você." Ele sorriu e respondeu: "Acho que sim." Naquele momento, meu coração ficou aflito, tentando entender por que eu estava naquela situação.

Depois de verificar os documentos, o policial me devolveu a carteira e disse que tudo estava em ordem, aconselhando que eu sempre checasse os faróis antes de sair de casa. Foi então que me dei conta de quem ele era: o mesmo policial que, em junho de 2023, me acompanhou até em casa em um dos momentos mais difíceis da minha vida. As lágrimas começaram a escorrer e ele, percebendo minha emoção, perguntou como eu estava e se estava indo para o trabalho. Respondi que sim, ao que ele disse: "Vá com Deus!"

Liguei o carro e segui pela estrada, enquanto o carro dele deu meia volta e tomou a direção oposta. Aproximadamente um quilômetro depois, avistei três carros na pista, aparentemente "brincando" de ultrapassagens, acelerando uns contra os outros de forma imprudente. Quando viram a luz dos meus faróis, um deles rapidamente mudou de faixa, evitando o lado em que eu estava. Foi nesse momento que senti, mais uma vez, a mão de Deus me protegendo. Se meus faróis não estivessem ligados, eles não teriam visto meu carro, e uma tragédia poderia ter acontecido.

Afinal, não sabemos o que o amanhã nos reserva, mas sabemos que hoje temos a oportunidade de amar, de perdoar e de ser uma fonte de luz para aqueles ao nosso redor. Ao escolhermos olhar com olhos de compaixão, ajudamos a construir um mundo mais gentil, em que a dor é compartilhada e o amor é multiplicado.

O amor é o dom mais precioso que temos e o maior legado que podemos deixar. Que nunca percamos de vista a importância de amar incondicionalmente, de ser a mão estendida para aqueles que precisam e de ser a voz de consolo para aqueles que sofrem. Em um mundo que muitas vezes parece ser marcado pela divisão e pelo medo, que sejamos nós os instrumentos de paz, os mensageiros de esperança e os portadores de um amor que cura e transforma.

Ao olharmos uns para os outros com compaixão, reconhecemos o sagrado em cada ser humano e honramos o cuidado e o amor que Jesus tem por todos nós. Que cada gesto de bondade, cada palavra de conforto e cada ato de perdão sejam reflexos desse amor divino que nunca nos abandona.

PRECE FINAL:
ORAÇÃO DE CUIDADO E AMOR

Senhor Jesus,
Tu que conheces cada coração e vês cada lágrima,
Que carregas nossas dores e nos ofereces descanso,
Ensina-nos a amar como Tu amas,
A cuidar como Tu cuidas,
A sermos um reflexo da Tua compaixão no mundo.

Concede-nos olhos que vejam além das aparências,
Mãos que estejam sempre prontas a ajudar,
E um coração que acolhe, mesmo quando ferido.
Que possamos ser luz nas trevas,
E conforto na dor dos nossos irmãos e irmãs.

Fortalece-nos, Senhor,
Para que, mesmo em meio às dificuldades,
Possamos sempre escolher o caminho do amor.
E que, em cada encontro, possamos ser instrumentos de Tua paz.
Amém.

Que esta mensagem final e prece poderosa ressoem profundamente no coração de cada leitor, inspirando todos a viver com mais compaixão, amor e esperança.

Ao encerrar este livro, nossa esperança é que as histórias e lições compartilhadas aqui sirvam como fonte de consolo e inspiração para todos aqueles que enfrentam suas próprias tragédias. Que o legado de amor e fé deixado por Lucas seja um farol de esperança e que, juntos, possamos encontrar a força para continuar a jornada com coragem e amor.

ÍNDICE REMISSIVO

Amor Ágape
Batismo
Depressão
Esperança
Família
Fé
Luto
Ressignificação